湖南省八五普法辅导读物

HUNAN SHENG
BAWU PUFA

湖南省司法厅指导编写

何淼玲 ⊙ 编著

当生活与法律偶遇

中南大学出版社
www.csupress.com.cn
·长沙·

法治之光　恒久照耀

（湖南省高级人民法院原党组书记、院长）

进入新时代的中国，法治伟力感召人心。

党的十八大以来，习近平总书记高度重视全面依法治国，亲自谋划、亲自部署、亲自推动，创造性提出了关于全面依法治国的一系列新理念新思想新战略，形成了内涵丰富、科学系统的思想体系。2020年11月中旬，中央全面依法治国工作会议正式提出和确立了习近平法治思想，为建设法治中国指明了前进方向，在中国特色社会主义法治建设进程中具有重大政治意义、理论意义、实践意义。

2021年1月1日，新中国成立以来第一部以"法典"命名的法律——《中华人民共和国民法典》已正式实施。习近平总书记指出，民法典是一部固根本、稳预期、利长远的基础性法律，要坚持以人民为中心实施好民法典。各级政府要以保证民法典有效实施为重要抓手推进法治政府建设。民法典的实施水平和实施效果，是衡量各级党政机关履行为人民服务宗旨的重要尺度。

在伟大时代感召下，何淼玲同志的新著《当生活与法律偶遇》出版，并列入湖南省"八五"普法辅导读物，欣逢其时，可喜可贺。

呈现在眼前的这本《当生活与法律偶遇》，是淼玲同志7年的心血之作，是一本助力民法典学习、普及的辅导读物。

早在 2010 年 3 月，湖南省委机关报《湖南日报》即以很高的政治站位、前瞻的法治视野，紧扣时代脉搏，在重要版面开辟"以案说法"新闻专栏。森玲同志长期负责党政报道和全省公安、检察、法院、司法行政等政法报道，政治强、业务精、文笔优、情况熟、经验丰富，被选定为"以案说法"栏目首任主持人。该栏目开办 10 年来以弘扬民主、公正、法治的社会主义核心价值观为导向，上接天线，下接地气，采写了冒热气、带露珠的稿件 700 多篇，讲好发生在群众身边的法治故事，为全面依法治省和全民普法提供强大舆论支持。这本《当生活与法律偶遇》收录的近 200 篇文章，系从森玲同志主持该栏目期间所采写的700 篇文章中精挑细选出来。遴选的文章，都是发生在人民群众身边日常多见、影响较大、关注度较高的典型案例，采写过程中邀请办案民警、法官、检察官、律师以及法学专家分析点评，条分缕析，以案释法。所选案例，绝大部分是湖南各级法院已经作出的生效判决。每一篇文章篇幅不长，但故事性强，可读性强，为广大读者喜闻乐见，寓普法、警示、教育作用于"悦"读之中。这些文章覆盖面广，涉及生命健康、财产安全、交易便利、生活幸福、人格尊严等方面，是一本普及民法典的佳作，可以很好地引导大家学法知法，尊法信法，守法用法，敬法护法。

与森玲同志相识，是 2007 年我到湖南省高级人民法院工作后。这 10 多年来，森玲同志一直在报社负责法院口的宣传报道。不管是当记者还是后来任湖南日报时政中心副主任兼政法新闻部副主任，他一直专业敬业，笔耕不辍，宣传人民法院公正司法、依法办案，为全省法院加油鼓劲，鼓舞着广大法官和干警在全面依法治国的司法实践中建功立业。对此，我印象很深。

"离娄之明，公输子之巧，不以规矩，不成方圆。"法，就是人人得以遵守的规矩和行为规范。违法，法如剑；守法，法如伞。

当下，全省上下正在认真深入学习习近平法治思想，学习宪法和法律蔚然成风，学法普法氛围浓厚，依法治省扎实推进。我相信森玲同志这本《当生活与法律偶遇》，能在建设法治湖南的征程中发挥有益作用，更相信法治的光芒将恒久照耀三湘大地。

是为序。

2021 年仲夏于长沙

第一部分
恋爱、婚姻、家庭类

第四部分

新冠肺炎、医疗整形、食品安全、环境保护类

第五部分
借款、借贷、债务、买卖、合同类

第六部分
涉黑、涉恶、抢劫、盗窃、诈骗类

第七部分

务工、雇佣、工伤、劳动关系类

第八部分

公共安全、意外事件类

第九部分
其 他

恋爱、婚姻、家庭类

01 互赠红包非彩礼，4000元无须退还

何淼玲　曾　妍　李　婵

【判决结果】

订婚时封给女方家亲戚的红包是否算彩礼？悔婚后需要返还吗？10月底，永兴县人民法院判处被告李某娟返还原告资某文彩礼3万元，资某文在订婚时给李某娟亲戚封的红包4000余元不属于彩礼，不予退还。

【案情回放】

2013年底，耒阳市哲桥镇陈塘村资某文与永兴县塘门口镇文洞村李某娟在亲戚的介绍下相识，10余天后便建立了恋爱关系，并按照当地习俗拜见了双方父母。资某文为表诚意，给了李某娟父母及亲戚红包共计4332元，其中包括给予媒人李某娥的300元。当天，李某娟的父母封给资某文红包1080元。按照习俗，李某娟的父母及亲戚在第二天资某文再次来到李某娟家时，封给了资某文共计1824元红包。李某娟为资某文购买黄金戒指花费1845元。

2014年临近春节，资某文再次给了李某娟家节日费用1000多元，并按传统给李某娟购买了金银首饰共花费6000余元。2014年正月初八，二人正式订婚。资某文于当天给李某娟家送去聘礼40900元，并给李某娟数名亲戚红包4000余元，随后二人开始同居。后来，二人因琐事发生矛盾分手。资某文要求李某娟返还全部彩礼，李某娟不肯，资某文遂诉至法院。

【法官说法】

审理本案的法官罗利桃说，依照《最高人民法院关于适用〈中华人民共和国婚姻法〉若干问题的解释(二)》第10条第一款第(一)项之规定，"当事人请求返还按照习俗给付的彩礼的，如果查明双方未办理结婚登记手续的，人民法院应当予以支持"。① 法院经审理查明，原告、被告未办理婚姻登记，原告资某文

---

① 《中华人民共和国民法典》第1042条规定："禁止包办、买卖婚姻和其他干涉婚姻自由的行为。禁止借婚姻索取财物。"但本案中，原告封给被告亲戚的4000元红包，系按当地风俗自愿赠予，属一般赠予行为，不属于彩礼，因此无须退还。

给付被告李某娟的彩礼应当返还。但是原告封给被告亲戚的红包,是原告按照当地风俗自愿赠予被告亲戚的,属一般赠予行为,并不属于彩礼,无须返还。

【温馨提示】

婚姻非儿戏,应慎重行事,免得伤了和气,伤了感情。

(本文原载于 2014 年 10 月 31 日《湖南日报》)

02 谁说打老婆不犯法？丈夫实施家暴获刑

何淼玲 周再明 王 鹏

【判决结果】

杨某曾因贩卖毒品被判刑，出狱后脾气暴躁，殴打并用开水烫伤妻子。经桃江县人民检察院提起公诉，桃江县人民法院以故意伤害罪判处杨某有期徒刑6个月。

【案情回放】

杨某系桃江县高桥乡人，曾因贩毒于2013年10月被法院判处有期徒刑1年。杨某与受害人丁某系夫妻。2015年8月28日晚，杨某酗酒回家后，无故对丁某实施殴打，并拿起装满开水的热水瓶砸在丁某身旁，致使丁某面部、胸腹部及四肢等多处烫伤。接到报警后，桃江县公安局高桥派出所民警将杨某擒获。经鉴定，丁某的伤势构成轻伤二级。

【检察官说法】

办理本案的检察官符潜知认为，被告人杨某故意伤害妻子身体致轻伤，其行为已经违反《中华人民共和国刑法》，构成故意伤害罪，应当依法追究相应的刑事责任。案发后，鉴于被害人丁某对被告人杨某的行为予以谅解，可以依法从轻处罚，法院遂作出上述判决。

【温馨提示】

自己的老婆想怎么打就怎么打，这种观念是错误的。2016年3月1日起实施的《中华人民共和国反家庭暴力法》是我国第一部反家暴法，明确规定反家庭暴力是国家、社会和每个家庭的共同责任，国家禁止任何形式的家庭暴力。实施家暴，将受到法律制裁。[1]

（本文原载于2016年3月16日《湖南日报》）

---

[1] 《中华人民共和国反家庭暴力法》第3条规定："家庭成员之间应当互相帮助，互相关爱，和睦相处，履行家庭义务。反家庭暴力是国家、社会和每个家庭的共同责任。国家禁止任何形式的家庭暴力。"第33条规定："加害人实施家庭暴力，构成违反治安管理行为的，依法给予治安管理处罚；构成犯罪的，依法追究刑事责任。"《中华人民共和国刑法》第234条第1款规定："故意伤害他人身体的，处三年以下有期徒刑、拘役或者管制。"

03 丈夫屡施家暴，妻子离婚获赔精神损害费

何淼玲　曾　妍　李超奇

【判决结果】

丈夫对妻子屡施家暴，妻子诉至法院要求离婚并索赔精神损害费。安乡县人民法院依法判决邹某与林某离婚，林某给付邹某精神损害费1万元。

【案情回放】

安乡县深柳镇官陵湖居委会邹某与丈夫林某结婚近20年，育有2女，大女儿已成年，小女儿随林某一起生活。邹某诉称：林某与婚外异性保持不正当关系，导致夫妻关系持续恶化。面对邹某质问，林某非但没有愧疚，反而大打出手。近几年，林某对邹某使用家庭暴力几十次。邹某身上留有多处旧伤。特别是在2014年5月和9月，林某对邹某进行毒打，导致邹某住院29天。经安乡县公安局深柳派出所委托常德市澧陵司法鉴定所鉴定，邹某被殴打致头皮裂伤，头皮下血肿，系轻微伤。

【法官说法】

审理本案的法官彭国辉说，离婚诉讼中，一方当事人主张精神损害费赔偿的请求具有法定要求，根据《中华人民共和国婚姻法》第46条规定："有下列情形之一，导致离婚的，无过错方有权请求损害赔偿：（一）重婚的；（二）有配偶者与他人同居的；（三）实施家庭暴力的；（四）虐待、遗弃家庭成员。"[①]本案中，林某殴打邹某致其受伤多达20余次，林某的行为符合上述法律规定的情形之一，根据《最高人民法院关于确定民事侵权精神损害赔偿责任若干问题的解释》之规定，林某的侵权行为已损害邹某身体权、健康权，邹某向法院主张精神损害费赔偿依法应当得到支持。

[①] 《中华人民共和国婚姻法》现已废止，相关内容归入2021年1月1日起施行的《中华人民共和国民法典》。《中华人民共和国民法典》第1091条规定："有下列情形之一，导致离婚的，无过错方有权请求损害赔偿：（一）重婚；（二）与他人同居；（三）实施家庭暴力；（四）虐待、遗弃家庭成员；（五）有其他重大过错。"

【温馨提示】

一日夫妻百日恩。夫妻之间应当互敬互爱,如果拳脚相向,不仅伤害了夫妻感情,还有可能承担法律后果。

(本文原载于 2015 年 1 月 29 日《湖南日报》)

04 虎毒尚不食子，父亲怒摔婴儿构成故意杀人罪

何淼玲　廖月安

【判决结果】

蒋某因夫妻矛盾发生争吵，竟然失去理智，一怒之下将自己未满周岁的亲生儿子砸在地上。道县人民法院一审以故意杀人罪判处蒋某有期徒刑 4 年。

【案情回放】

2014 年 2 月 7 日，蒋某在位于道县西洲街道办事处公园路的家中，与妻子黄某因协商离婚一事未达成一致意见发生争执，蒋某情绪激动，从妻子手中抢过 5 个月大的儿子，将其举起砸向地面，致其脑室及蛛网膜下腔大量出血、左侧颞顶骨骨折伴硬膜下出血的严重后果。经鉴定：被摔婴儿颅脑重症损伤，损伤程度为重伤二级。案发后，蒋某在家中被民警抓获归案。

【法官说法】

审理本案的法官李送德认为，蒋某与妻子黄某因婚姻关系发生争执情绪激动，将儿子举起砸向地面，致孩子重伤，蒋某行为已经构成故意杀人罪。① 蒋某曾犯抢夺罪，于 2009 年 8 月 10 日被判处有期徒刑 6 个月，在刑罚执行完毕之日起 5 年内再犯，是累犯，应当从重处罚。② 鉴于蒋某在法庭审理过程中认罪态度较好，确有悔罪表现，同时考虑到其妻子黄某及家人的请求及有利于家庭生活和孩子成长等因素，遂对蒋某减轻处罚，依法作出上述判决。

【温馨提示】

虎毒不食子。夫妻吵架，伤及无辜婴儿，理当依法惩处。

（本文原载于 2015 年 4 月 4 日《湖南日报》）

---

① 《中华人民共和国刑法》第 232 条规定："故意杀人的，处死刑、无期徒刑或者十年以上有期徒刑；情节较轻的，处三年以上十年以下有期徒刑。"

② 《中华人民共和国刑法》第 65 条规定："被判处有期徒刑以上刑罚的犯罪分子，刑罚执行完毕或者赦免以后，在五年以内再犯应当判处有期徒刑以上刑罚之罪的，是累犯，应当从重处罚，但是过失犯罪和不满十八周岁的人犯罪的除外。前款规定的期限，对于被假释的犯罪分子，从假释期满之日起计算。"

05 妻子回娘家"失联"20年，丈夫起诉离婚获支持

何森玲 曾 妍 宋曼丽

【判决结果】

王某和吴某经人介绍相识，结婚4年后，吴某回娘家后再也没回家。2014年9月，王某起诉至湘潭县人民法院请求判决离婚。2015年1月30日，法院判决支持王某诉讼请求，解除他与吴某的婚姻关系。

【案情回放】

王某系湘潭县人，吴某系新化县人，双方经人介绍相识，恋爱不久后于1991年登记结婚，1992年生育一女，婚后夫妻感情一般。从1995年起，吴某回新化娘家后再未回来，前3年王某去吴某娘家找人还能看到吴某，后来吴某娘家将房屋出售，多年外出未归，夫妻长期处于分居状态。婚生女儿一直由王某抚养，现已参加工作能独立生活。

【法官说法】

审理本案的法官彭勇说，根据《中华人民共和国婚姻法》第32条第2、3款规定："人民法院审理离婚案件，应当进行调解；如感情确已破裂，调解无效，应准予离婚。有下列情形之一，调解无效的，应准予离婚：（一）重婚或有配偶者与他人同居的；（二）实施家庭暴力或虐待、遗弃家庭成员的；（三）有赌博、吸毒等恶习屡教不改的；（四）因感情不和分居满二年的；（五）其他导致夫妻感情破裂的情形。一方被宣告失踪，另一方提出离婚诉讼的，应准予离婚。"①本案中，王某与吴某已经分居达20年，夫妻感情确已破裂。

---

① 《中华人民共和国婚姻法》现已废止，相关内容归入2021年1月1日起施行的《中华人民共和国民法典》。《中华人民共和国民法典》第1079条第1、2、3款规定："夫妻一方要求离婚的，可以由有关组织进行调解或者直接向人民法院提起离婚诉讼。""人民法院审理离婚案件，应当进行调解；如果感情确已破裂，调解无效，应当准予离婚。""有下列情形之一，调解无效的，应当准予离婚：（一）重婚或者与他人同居；（二）实施家庭暴力或者虐待、遗弃家庭成员；（三）有赌博、吸毒等恶习屡教不改；（四）因感情不和分居满二年；（五）其他导致夫妻感情破裂的情形。"

【温馨提示】

两个人在一起过日子，应当相互尊重，相互谅解，加强沟通。出现矛盾和问题应当及时化解，逃避不是解决的办法。为了家庭、为了孩子，应当多一份责任心。

(本文原载于 2015 年 2 月 14 日《湖南日报》)

06　男子负气出走 10 余年，法院宣告其死亡

何森玲　杨亦娴　曾　妍

【判决结果】

湘阴县人民法院最近审理一起宣告公民死亡案件。申请人周某某称，她与被申请人钟某某系夫妻关系，2002 年 5 月，因双方发生口角，钟某某离家出走，至今杳无音信。周某某于 2016 年 1 月 14 日向法院提出申请宣告钟某某死亡后，湘阴县人民法院作出判决，宣告钟某某死亡。

【案情回放】

钟某某于 2002 年 5 月 25 日与其妻周某某发生口角后，便离家出走，10 多年下落不明。周某某于 2016 年 1 月 14 日向法院提出申请宣告钟某某死亡，湘阴县人民法院于 2016 年 2 月 4 日登报公告，公告期为 1 年。期满后，钟某某仍然下落不明。该院于 2017 年 2 月 6 日对该案作出判决，宣告被申请人钟某某死亡。

【法官说法】

审理本案的法官蒋利娟说，《中华人民共和国民法通则》第 23 条规定，公民有下列情形之一的，利害关系人可以向人民法院申请宣告他死亡：下落不明满四年的；因意外事故下落不明，从事故发生之日起满两年的；战争期间下落不明的，下落不明的时间从战争结束之日起计算。①

本案中，钟某某于 2002 年离家出走 10 多年下落不明，一直未与家人联系，经法院公告查寻仍然下落不明，应当依法推定钟某某死亡，申请人周某某作为钟某某之妻要求宣告其死亡，符合法律规定。

【温馨提示】

夫妻之间难免发生争吵等纠纷，双方应当及时沟通，解决矛盾。负气离家出走，是一种非常不负责任的行为。

（本文原载于 2017 年 2 月 21 日《湖南日报》）

---

① 《中华人民共和国民法通则》现已废止，相关内容归入 2021 年 1 月 1 日起施行的《中华人民共和国民法典》。《中华人民共和国民法典》第 46 条规定："自然人有下列情形之一的，利害关系人可以向人民法院申请宣告该自然人死亡：（一）下落不明满四年；（二）因意外事件，下落不明满二年。因意外事件下落不明，经有关机关证明该自然人不可能生存的，申请宣告死亡不受二年时间的限制。"

07 与人同居生子，已婚女子被判拘役 3 个月

何淼玲　周再明　贾国强

【判决结果】

被告人吴某在自己与丈夫婚姻关系存续的情况下，竟与另一男子同居怀孕生下一女婴。经桃江县人民检察院提起公诉，该县人民法院以重婚罪判处吴某拘役 3 个月。

【案情回放】

吴某系桃江县马迹塘镇农民。2008 年 8 月，她与比自己大两岁的本镇男子汪某某登记结婚。结婚 3 年后，夫妻发生感情纠纷引起吵架，吴某赌气离家出走，在外认识了另一男子肖某。2013 年，吴某在与丈夫汪某某没有离婚的情况下和肖某以夫妻名义同居，并于 2016 年 4 月在本镇医院产下一女婴。经检察院查明，肖某因吴某隐瞒已婚的事实，主观上不构成"明知他人有配偶而与之结婚"这一要件，因此对肖某依法作出不起诉的决定。

【检察官说法】

承办本案的检察官高明辉认为，被告人吴某在已婚的情况下与他人以夫妻名义同居，根据《中华人民共和国刑法》第 258 条"有配偶而重婚的，或者明知他人有配偶而与之结婚的，处二年以下有期徒刑或者拘役"之规定，法院依法作出上述判决正确。

【温馨提示】

吴某恶意隐瞒已婚事实，与另外的男人同居生子，此行为明显有悖于社会公德及公序良俗，构成重婚罪。根据我国刑事诉讼法及相关司法解释，有证据证明犯重婚罪的，被害人可以直接向人民法院提起自诉；证据不足的，由公安机关受理，进行立案侦查。

（本文原载于 2017 年 4 月 18 日《湖南日报》）

08　已婚女嫁糊涂汉，双双犯了重婚罪

何淼玲　罗海波

【办案结果】

涟源市人民检察院对涉嫌重婚罪的吴某、谢某提起公诉。

【案情回放】

1996年3月，涟源市湄江镇吴某与本镇农民龙某结婚，两年后生育一子。因夫妻关系不好、婆媳关系不和，吴某于1999年2月独自外出打工。2000年6月，吴某在涟源市一饭店打工时认识了比自己大12岁的谢某。吴某化名刘小丽，从同年10月开始与谢某以夫妻名义同居，并于2003年10月生育一子。之后，吴某告知谢某自己在湄江镇有丈夫和小孩，且未离婚。谢某要吴某回老家去，被吴某拒绝，谢某也就不再坚持。此后，两人依然以夫妻关系同居生活。

2007年6月，吴某回到老家为外婆办理丧事时，被人发现涉嫌重婚，吴某和谢某随即被公安民警抓获。7月10日，涟源市检察院批准对吴某逮捕。谢某被取保候审。

【检察官说法】

承办本案的李检察官认为，本案中，吴某自己有配偶，谢某明知她有配偶，两人仍然以夫妻关系同居生活，并生育一子，已经构成事实婚姻，吴某、谢某的行为已经涉嫌重婚罪，故依法提起公诉。根据《中华人民共和国刑法》第258条"有配偶而重婚的，或者明知他人有配偶而与之结婚的，处二年以下有期徒刑或者拘役"之规定，吴某与谢某将受到法律的惩处。

李检察官还提醒，根据我国刑事诉讼法及相关司法解释，有证据证明犯重婚罪的，被害人可以直接向人民法院提起自诉；证据不足的，由公安机关受理，进行立案侦查。被害人向公安机关控告的，公安机关应当受理。

【温馨提示】

稀里糊涂不懂法，触犯法律受惩罚。

(本文原载于2007年10月30日《湖南日报》)

09 小孩非亲生，丈夫起诉离婚获赔偿

何淼玲　丁　涛　刘淑珍

【判决结果】

8月30日，汉寿县人民法院审理了一起离婚纠纷案，一审判决原告郭某与被告李某离婚，并由李某返还郭某为抚养非亲生女而支出的费用1万元，赔偿郭某精神抚慰金1万元。

【案情回放】

郭某1986年出生，李某1987年出生，均住汉寿县军山铺镇。两人于2010年6月28日登记结婚，次年6月20日生女郭某某。同年7月，在给郭某某治病过程中，郭某发现郭某某非亲生，后经亲子鉴定，排除郭某与郭某某之间存在亲生血缘关系。郭某诉之法院要求与李某离婚，并要求李某赔偿郭某因抚养非亲生女所遭受的财产损失及精神损害共计5万元。

【法官说法】

审理本案的法官刘淑珍介绍，《中华人民共和国婚姻法》第4条规定"夫妻应当互相忠实，互相尊重"[①]。李某在与郭某婚姻关系存续期间，与第三人生育子女的行为，对夫妻感情造成巨大伤害，故对郭某要求离婚的诉讼请求予以支持。郭某与郭某某之间无血缘关系，对郭某某不负有法律上的抚养义务。他在不知情的情况下，抚养了非亲生女郭某某，提出要求李某赔偿其财产损失和精神损害，可见郭某的抚养行为违背了郭某的真实意思，是无效的民事行为。根据《中华人民共和国民法通则》第61条"民事行为被确认为无效或者被撤销后，

---

① 《中华人民共和国婚姻法》现已废止，相关内容归入2021年1月1日起施行的《中华人民共和国民法典》。《中华人民共和国民法典》第1043条规定："夫妻应当互相忠实，互相尊重，互相关爱。"

当事人因该行为取得的财产,应当返还给受损失的一方"的规定①,李某应当赔偿郭某用于抚养郭某某所开支的合理费用。李某严重伤害了郭某的感情,故对郭某要求精神损害赔偿的请求予以支持。

【温馨提示】

夫妻之间应当互相忠诚,共同呵护夫妻感情,履行"执子之手,与子偕老"的承诺,避免伤了对方,伤了孩子。

(本文原载于 2013 年 9 月 3 日《湖南日报》)

---

① 《中华人民共和国民法通则》现已废止,相关内容归入 2021 年 1 月 1 日起施行的《中华人民共和国民法典》。《中华人民共和国民法典》第 157 条规定:"民事法律行为无效、被撤销或者确定不发生效力后,行为人因该行为取得的财产,应当予以返还;不能返还或者没有必要返还的,应当折价补偿。有过错的一方应当赔偿对方由此所受到的损失;各方都有过错的,应当各自承担相应的责任。法律另有规定的,依照其规定。"

10 争夺新生儿姓氏权砍伤岳父母

何淼玲 曾 妍 钟 黔

【判决结果】

小孩随父姓还是随母姓？为争小孩姓氏权，尹某砍伤岳父岳母，致使他们分别构成九级伤残和十级伤残。邵东县人民法院以故意杀人罪判处尹某有期徒刑3年；以故意伤害罪判处其有期徒刑1年，决定执行有期徒刑3年。

【案情回放】

邵东县野鸡坪镇豪田村尹某与罗某于2011年经人介绍认识，感情甚好，一年后步入婚姻殿堂。两人婚前口头约定，婚后两人所生子女中有一个随母亲姓罗。2013年6月，罗某产下一名男婴，全家喜气洋洋。但小孩刚出生5天，尹某与岳父罗某某一家便因新生儿姓罗还是姓尹发生争执，且协商未果。一天晚上，尹某认为岳父一家欺人太甚，遂心生杀机，等岳父母睡着后，用菜刀和水果刀将岳父母均砍成轻伤。

【法官说法】

审理本案的法官刘俊说，《中华人民共和国婚姻法》第22条规定："子女可以随父姓，可以随母姓。"[①]由于小孩是未成年人，故由法定代理人来行使权利，为子女取名，小孩可以随父姓，也可以随母姓。尹某采取过激行为，砍伤岳父岳母，尹某的行为已经构成故意伤害罪和故意杀人罪。

【温馨提示】

独生子女父母在小孩姓氏上容易产生矛盾。双方都要多一分理解、多一分宽容，给孩子一个温暖的家。不要因为姓氏之争而破坏了好端端的家庭，毕竟姓名只是一个符号，关注孩子的成长才是重点。

(本文原载于2014年11月18日《湖南日报》)

---

① 《中华人民共和国婚姻法》现已废止，相关内容归入2021年1月1日起施行的《中华人民共和国民法典》。《中华人民共和国民法典》第1015条规定："自然人应当随父姓或者母姓，但是有下列情形之一的，可以在父姓和母姓之外选取姓氏：(一)选取其他直系长辈血亲的姓氏；(二)因由法定扶养人以外的人扶养而选取扶养人姓氏；(三)有不违背公序良俗的其他正当理由。""少数民族自然人的姓氏可以遵从本民族的文化传统和风俗习惯。"

11　村规民俗焉能对抗法律，"入赘男"享有子女姓氏取名权

何淼玲　罗海波

【判决结果】

夫妻双方在子女的姓氏取名上具有同等权利，入赘家庭所生子女既可随母姓，也可随父姓。4月15日，一对"80后"夫妻因争夺孩子姓氏取名权发生争执，闹起离婚，永州市零陵区人民法院依法驳回原告文某要求离婚的诉请。

【案情回放】

文某与李某均系零陵区人，两人经网络相恋于2008年登记结婚。当时约定，因文某家中无男性兄弟，婚后李某要入赘到女方家中生活。婚后6年里，夫妻生育一男孩，男孩出生后两人在随父姓还是随母姓问题上发生争执，李某私下将儿子登记为李姓。夫妻矛盾由此升级。协商无果后，文某要求离婚。

【法官说法】

审理本案的法官卿淑君说，《中华人民共和国婚姻法》第22条规定：子女可以随父姓，可以随母姓。也就是说，孩子的姓氏由父母协商决定，入赘家庭同样适用。从村规民俗来看，按照永州习俗，男方入赘女方家，孩子一般都随母姓。父母为子女取名时，应当首先遵从当地社会的风俗习惯，再通过平等协商共同确定，即遵风俗、循法律。如果父母双方无法达成一致意见，法律规定与村规民俗产生冲突时，村规民俗不能对抗法律。本案中，李某私自将孩子名字登记为李姓，虽然与当地风俗相违背，但是合乎法律规定，因此法院予以支持。

此外，因子女姓氏问题引发的夫妻间矛盾，不属于法定的夫妻感情破裂的情形，不能被认定为符合离婚要件，法院遂依法驳回文某的诉讼请求。

【温馨提示】

随着独生子女结合增多、婚姻观念多元化，不少家庭面临"孩子跟谁姓"的困扰。如果夫妻以及双方家长在意孩子姓氏取名，最好婚前明确约定，以免产生矛盾。

（本文原载于 2015 年 4 月 20 日《湖南日报》）

12 孩子满 10 周岁愿随母生活，法院支持变更抚养权

何淼玲　贺力平

【判决结果】

原告朱某与被告刘某协议离婚时，约定将婚生小孩小宣的抚养权归父亲刘某，母亲朱某不承担抚养费。小宣满 10 周岁后，母亲朱某要求变更抚养权，并要求刘某承担抚养费。邵阳市双清区人民法院办案法官征询了小宣的意见后，将小宣的抚养权判给了朱某。并考虑到刘某经济能力、患有疾病等情况，判决刘某每月支付小宣 900 元抚养费。

【案情回放】

朱某与刘某于 2009 年协议离婚，约定 2004 年 3 月出生的女儿小宣由刘某抚养。2013 年初，朱某与小宣一起共同生活至 2015 年，建立了深厚的母女之情。朱某想将小宣的抚养权变更到自己名下，与刘某协商未果，遂诉至法院。庭审中，朱某与刘某均表示愿意抚养小宣。审判长征询了小宣的意见，小宣明确表示愿意跟随朱某一起生活。

刘某系医院医生，其工资、奖金、津补贴等收入受请假事由等影响，每月收入不固定。他已经另行组织家庭，育有一女，刘某患有疾病，需长期服药。小宣也患疾病，同样需长期用药治疗。法院考虑到刘某经济能力、患有疾病等情况，判决刘某每月支付小宣 900 元抚养费。

【法官说法】

审理本案的法官方牡东说，《最高人民法院关于人民法院审理离婚案件处理子女抚养问题的若干具体意见》第 16 条规定："一方要求变更子女抚养关系有下列情形之一的，应予支持：十周岁以上未成年子女，愿随另一方生活，该

方又有抚养能力的。"①本案中，婚生女儿小宣属于10周岁以上的未成年人，法院依法征询了小宣的意见，小宣表示仍然愿随朱某生活。法院从有利于子女成长、保障子女的合法权益出发，结合父母双方相关情况综合判断，将小宣的抚养权判给朱某、判决刘某支付抚养费是合法合理合情的。

【温馨提示】

父母与子女间的关系，不因父母离婚而消除。变更抚养关系，应从有利于子女成长、保障其合法权益角度出发，并征询已满10周岁子女的意见。

（本文原载于2015年11月23日《湖南日报》）

---

① 《最高人民法院关于人民法院审理离婚案件处理子女抚养问题的若干具体意见》现已废止。《中华人民共和国民法典》第1084条规定："父母与子女间的关系，不因父母离婚而消除。离婚后，子女无论由父或者母直接抚养，仍是父母双方的子女。离婚后，父母对于子女仍有抚养、教育、保护的权利和义务。离婚后，不满两周岁的子女，以由母亲直接抚养为原则。已满两周岁的子女，父母双方对抚养问题协议不成的，由人民法院根据双方的具体情况，按照最有利于未成年子女的原则判决。子女已满八周岁的，应当尊重其真实意愿。"

13 前夫擅自将儿子送养他人，母亲依法说"不"

何淼玲 徐子牛

【判决结果】

离婚之后母亲去探望儿子，却发现儿子已经过继给他人为子，这让孩子的母亲非常气愤。平江县人民法院安定法庭为这个母亲主持公道，对已经过继儿子变更抚养权，重归母亲抚养。

【案情回放】

平江县福寿山镇石圳村何某(女)，与该县安定镇花塘村廖某曾系夫妻关系，1994 年、2006 年分别生下两个儿子大明、小明。2008 年，双方因感情不和离婚，约定大明、小明均由廖某抚养。2009 年 5 月，何某赴廖某处探望儿子，方知廖某将小明过继给了本镇村民李某为子。何某多次与廖某、李某交涉，提出由自己抚养小明未果，于是向法院起诉，请求将小明变更给自己抚养。

【法官说法】

审理本案的代理审判员黎阳认为，《中华人民共和国婚姻法》第 38 条规定"离婚后，不直接抚养子女的父或母，有探望子女的权利，另一方有协助的义务。"[1]本案中，何某虽然与廖某离婚，但是子女仍然是双方的子女，父母与子女的人身关系受法律保护，何某依法享有探望权，任何人不得侵犯。此外，按照《中华人民共和国收养法》第 10 条"生父母送养子女，须双方共同送养"之规定，小明系何某、廖某共同之子，廖某未征得何某同意，将小明送养，明显违反了上述法律规定；[2]该法第 4 条规定，不满 14 周岁丧失父母的孤儿、查找不到

---

[1] 《中华人民共和国婚姻法》现已废止，相关内容归入 2021 年 1 月 1 日起施行的《中华人民共和国民法典》。《中华人民共和国民法典》第 1086 条第 1 款规定："离婚后，不直接抚养子女的父或者母，有探望子女的权利，另一方有协助的义务。"

[2] 《中华人民共和国收养法》现已废止，相关内容归入 2021 年 1 月 1 日起施行的《中华人民共和国民法典》。《中华人民共和国民法典》第 1097 条规定："生父母送养子女，应当双方共同送养。生父母一方不明或者查找不到的，可以单方送养。"

生父母的弃婴和儿童、生父母有特殊困难无力抚养的子女，可以作为被收养人。①何某与廖某双方均没有无力抚养的情形，故小明不具备被收养条件，李某也不具有收养人资格。廖某作为与子女共同生活的一方，不尽抚养义务将儿子过继给他人，不仅严重损害了儿子被父母抚养的权利，亦侵犯了何某抚养儿子的权利。据此，法院判决小明变更由何某抚养，廖某享有探望权。

【温馨提示】

父母离异，使孩子得不到完整的母爱。法院判决使孩子重回母亲怀抱，有利于孩子身心健康。

（本文原载于 2012 年 12 月 1 日《湖南日报》）

---

① 《中华人民共和国收养法》现已废止，相关内容归入 2021 年 1 月 1 日起施行的《中华人民共和国民法典》。《中华人民共和国民法典》第 1093 条规定："下列未成年人，可以被收养：（一）丧失父母的孤儿；（二）查找不到生父母的未成年人；（三）生父母有特殊困难无力抚养的子女。"

14 手心手背都是肉，非婚生子女享有与婚生子女同等权利

何森玲 胡 慧

【判决结果】

永州市冷水滩区人民法院审结了一起抚养费纠纷案件，判令被告熊某某每月给付女儿唐小某生活费 600 元直至其成年，教育费和医药费凭发票承担 50%。

【案情回放】

2014 年 7 月 1 日，永州市零陵区凶底乡唐某某与熊某某非婚生育一女取名唐小某，即本案原告。2015 年 6 月 16 日，唐某某与熊某某签订一份协议，确定解除非法同居关系，女儿唐小某由唐某某抚养，熊某某每月给付抚养费 600 元，教育费、医药费各负担一半。但是熊某某并未按协议履行，唐某某遂提起诉讼。

法院查明，唐某某是农村户口，当时没有工作，她之前生有一个儿子，12 岁，由前夫抚养。熊某某也是农村户口，具有特种作业操作证，在外打零工搭钢管外架，有事做每天可有 200 元以上收入，但是收入不固定，另生有一儿一女，女儿 17 岁，儿子 9 岁。

【法官说法】

审理本案的法官王国华认为，《中华人民共和国婚姻法》第 25 条规定，非婚生子女享有与婚生子女同等的权利，任何人不得加以危害和歧视。不直接抚养非婚生子女的生父或者生母，应当负担子女的生活费和教育费，直至子女能

独立生活为止。① 本案中，熊某某与唐某某作为唐小某的父母，具有共同抚养她健康成长的法定义务。双方在解除非法同居关系时对小孩的抚养问题签订了协议，是双方真实意思表示，既能保障小孩的基本生活需要，也符合双方目前的条件，故法院对唐某某的诉求予以支持。

【温馨提示】

父母对非婚生子女，既要讲感情，也要讲法律，要对他们的健康成长负责。

（本文原载于 2017 年 2 月 19 日《湖南日报》）

① 《中华人民共和国婚姻法》现已废止，相关内容归入 2021 年 1 月 1 日起施行的《中华人民共和国民法典》。《中华人民共和国民法典》第 1071 条规定："非婚生子女享有与婚生子女同等的权利，任何组织或者个人不得加以危害和歧视。不直接抚养非婚生子女的生父或者生母，应当负担未成年子女或者不能独立生活的成年子女的抚养费。"

15 41 年收养情，岂可一朝说了断

何淼玲　陈毅清　郑春荣

【判决结果】

虽然没有办理正式的收养手续，但是在 41 年的事实收养过程中，肖某始终对自己的养父母心怀感恩、恪尽孝道。新田县人民法院对徐某与肖某解除收养关系一案作出判决：驳回徐某欲解除与肖某收养关系的诉讼请求。

【案情回放】

1974 年 9 月，新田县龙泉镇陶宝村肖某因父母离异，经他人介绍，年仅 1 岁的他被过继给徐某及其丈夫收养，虽然双方未办理正式收养手续，但徐某与丈夫共同将肖某抚养至成年，并于 1974 年 10 月将肖某户籍落在自家户口内。自 1974 年 9 月至 2009 年 1 月，肖某均一直随徐某及其丈夫共同生活。2009 年，徐某丈夫因病死亡。

徐某诉称，自己与养子肖某的关系已经恶化，无法再继续共同生活。但是肖某认为，养父在世时，家庭财产关系相对稳定，养父去世后，财产关系发生变化，其他兄弟姐妹感觉财产分配不公，进而怂恿徐某解除与自己的收养关系，以此动摇自己分配财产权益的根基。肖某提交 12 份证据，证明自己长期以来对养父母已经尽到应有孝道，并表示愿意继续履行对养母徐某的赡养义务。

【法官说法】

审理本案的法官郑春荣说，徐某收养肖某时尽管没有办理法定手续，但是经调查核实，徐某与肖某在一起共同生活长达 41 年，已经形成事实上的收养关系。《中华人民共和国收养法》规定，收养关系在不具备一定条件下不得随意解除，解除收养关系必须以"关系恶化、无法共同生活"为前提。[①] 本案中，肖某并没有对徐某进行过任何打骂及虐待，而且肖某提供的 12 份证据形成完整的

---

① 《中华人民共和国收养法》现已废止，相关内容归入 2021 年 1 月 1 日起施行的《中华人民共和国民典》。《中华人民共和国民法典》第 1115 规定："养父母与成年养子女关系恶化、无法共同生活的，可以协议解除收养关系。不能达成协议的，可以向人民法院提起诉讼。"

证据链，充分证明肖某与徐某长期以来相处和睦，肖某对徐某关爱有加、恪尽孝道，并不存在徐某与肖某"关系恶化、无法共同生活"的情形。因此依法驳回原告徐某诉讼请求。

【温馨提示】

亲情可贵。而一旦掺杂太多物质因素，亲情就容易受到伤害。应当珍惜拥有的亲情。

(本文原载于 2015 年 3 月 12 日《湖南日报》)

16　父亲拖欠抚养费，女儿起诉获支持

何淼玲　曾　妍　高喜朝

【判决结果】

父母离异，按照离婚协议应当由父亲按年支付的生活费用却屡遭拖欠。为讨回自己的抚养费用，胡某桐一纸诉状将自己的父亲告上法庭。湘潭县人民法院经审理，支持胡某桐的诉讼请求，判令胡某桐的父亲立即支付拖欠的1万元抚养费，并一次性支付胡某桐至高三毕业的抚养费6000元。

【案情回放】

胡某桐，在湘潭县一所高中读高二。因家庭矛盾，胡某桐的父母于2007年底协议离婚，约定胡某桐由母亲抚养，抚养费则由父亲胡某按照小学阶段2000元/年、初中阶段3000元/年、高中阶段4000元/年、大学阶段5000元/年的标准支付。离婚后的前几年，胡某每年都按时支付了抚养费，但是自2010年起却不再按时足额支付抚养费。截至胡某桐起诉前，胡某共拖欠抚养费1万元。在此期间，胡某再婚后又生育了一男孩。

胡某桐将父亲告上法庭，要求父亲立即偿付拖欠的抚养费1万元，并一次性支付自己至18周岁(即至高三毕业)的抚养费6000元。

【法官说法】

审理本案的法官李鹏说，《中华人民共和国婚姻法》第21条规定：父母对子女有抚养教育的义务，父母不履行抚养义务时，未成年的或者不能独立生活的子女，有要求父母付给抚养费的权利。① 本案中，胡某与妻子离婚时已经就女儿胡某桐的抚养费支付协商达成一致，应当按约定履行。

【温馨提示】

父母对子女负有抚养教育的义务。作为父母，应当按照法律规定与社会伦理，自觉履行义务，为子女创造良好的生活学习条件。

(本文原载于2015年3月20日《湖南日报》)

---

① 《中华人民共和国婚姻法》现已废止，相关内容归入2021年1月1日起施行的《中华人民共和国民法典》。《中华人民共和国民法典》第1067条第1款规定："父母不履行抚养义务的，未成年子女或者不能独立生活的成年子女，有要求父母给付抚养费的权利。"

17 夫妻一方欠私债，另一方无须担责

何淼玲　曾　妍　周盖雄

【判决结果】

夫妻一方向他人私自借款，且不用于家庭共同支出的，另一方不承担还款义务。新宁县人民法院审结一起借款纠纷案，依法驳回邓某的诉讼请求。

【案情回放】

新宁县金石镇观瀑村刘某，在婚姻存续期间非法与邓某同居，并在刘某之妻林某不知情的情况下向邓某借款9万元用于购买挖掘机（有借条为凭证），林某在得知丈夫刘某与邓某的婚外情后与刘某离婚。后来邓某与刘某亦发生纠纷，并要求刘某偿还欠款，但是刘某一直未还，故邓某起诉至法院，要求刘某与刘某之前妻林某共同偿还债务。

【法官说法】

审理本案的法官伍清华认为，《中华人民共和国合同法》第196条规定"借款合同是借款人向贷款人借款，到期返还借款并支付利息的合同"。①

本案中，刘某向邓某借款事实清楚，证据充分，依法应当予以偿还。但是邓某要求刘某与刘某之前妻林某共同承担还款义务，因该借款不用于家庭共同支出，不属于家庭债务，林某没有偿还义务，法院依法不予支持邓某诉讼请求。②

【温馨提示】

夫妻共同债务由夫妻共同承担，夫妻个人债务应当由夫妻个人承担。

（本文原载于2014年2月26日《湖南日报》）

---

① 《中华人民共和国合同法》现已废止，相关内容归入2021年1月1日起施行的《中华人民共和国民法典》。《中华人民共和国民法典》第667条规定："借款合同是借款人向贷款人借款，到期返还借款并支付利息的合同。"

② 《中华人民共和国民法典》第1064条规定："夫妻双方共同签名或者夫妻一方事后追认等共同意思表示所负的债务，以及夫妻一方在婚姻关系存续期间以个人名义为家庭日常生活需要所负的债务，属于夫妻共同债务。夫妻一方在婚姻关系存续期间以个人名义超出家庭日常生活需要所负的债务，不属于夫妻共同债务；但是，债权人能够证明该债务用于夫妻共同生活、共同生产经营或者基于夫妻双方共同意思表示的除外。"

18 抚恤金并非遗产，莫为分配伤亲情

何淼玲　彭丁云

【办案结果】

三兄妹为争亡父 12 万元抚恤金，对簿公堂。长沙市天心区人民法院审理了一起抚恤金分配纠纷案件，经法官调解，两兄弟王某波和王某涛各分得 3.8 万元，妹妹王某菊分得 4.4 万元。

【案情回放】

王大爷于 2014 年因病去世，王大爷所在单位发放了 12 万余元的抚恤金（含部分未使用完的丧葬费，全部为女儿王某菊所领取）。两个哥哥起诉到天心区人民法院，要求平分该笔财产。

王大爷是长沙某单位的离休干部，妻子 10 多年前病亡。2010 年，王大爷中风后，生活不能自理，一直跟随女儿生活。2014 年 3 月，王大爷因病去世，单位发放了 12 万余元的抚恤金、丧葬费。对于这笔钱的分配，3 个子女意见不一。女儿王某菊觉得，自己悉心照顾父亲，两个哥哥对父亲不管不问，抚恤金应该归她。但是两个哥哥却不同意，认为应该平分抚恤金。

【法官说法】

审理本案的法官王利华认为，遗产是公民死亡时遗留的个人合法财产，抚恤金是死者生前所在单位给予死者家属的抚恤和经济补偿，带有精神抚慰的性质，国家按照标准给死者家属的丧葬费也不是死者生前财产，两者都不应当按照遗产进行分割。如果属于遗产，则根据继承法，对被继承人尽了主要赡养义务或者与被继承人共同生活的继承人，分配遗产时，可以多分。有赡养能力和有赡养条件的继承人，不尽赡养义务的，分配遗产时，应当不分或者少分。此案中，如果按遗产分配原则，可以对王爷爷的两个儿子少分或者不分。但是抚恤金则不同，是对死者家属一种精神上的慰藉，我国法律对抚恤金的分配没有明确规定。因此，不宜以谁所尽赡养义务大小来决定抚恤金分配的多寡，一般

情况下进行平均分配比较适宜。本案经调解，两个哥哥做出了一些让步，让照顾父亲的妹妹多分一些。

【温馨提示】

亲情重于财产，不要为财产的分配伤了亲情。

（本文原载于 2014 年 10 月 9 日《湖南日报》）

19　丈夫矿井受伤，妻子性权利受侵害获赔

何淼玲　曾　妍　陈建华

【判决结果】

性权利受到侵害，李某某请求精神损害赔偿。郴州市中级人民法院终审判决驳回上诉，维持一审判决：由邓某某等7名被告，赔偿原告李某某精神损害抚慰金1万元。

【案情回放】

桂阳县青兰乡陈溪村邓某某等7人，合伙在桂阳县青苗乡开办"美顺有色金属矿"。2007年8月，该矿雇请耒阳市长坪乡高岭村李某某之夫谢某某到该矿做工。

同年11月7日凌晨3时许，谢某某下班后，受邓某某等人指示，乘坐矿斗车从井下返回地面，矿斗车脱轨，谢某某摔出受伤。伤情诊断为永久性膀胱造瘘构成4级伤残，结肠造瘘术后及性功能障碍均构成8级伤残。

2011年9月，谢某某对自己的损伤是否对性生活有影响，向湖南省湘雅司法鉴定中心提出鉴定申请。该中心作出法医学鉴定意见书，认为谢某某的损伤情况对性生活有影响。李某某诉至法院，请求判决邓某某等7人赔偿精神损害抚慰金10万元。

2014年1月，桂阳县人民法院判决邓某某等人赔偿谢某某医疗费等21万余元的同时，判决赔偿李某某因夫妻生活受损害的精神损害抚慰金1万元。邓某某等7人不服精神损害抚慰金一项，向郴州市中级人民法院提出上诉。

【法官说法】

审理本案的二审主审法官许斌海认为，鉴定机关的鉴定意见，可以证明李某某性权利受到侵害，李某某作为赔偿权利人，有权提起损害赔偿之诉。[①] 至

---

① 《中华人民共和国民法典》第1183条第1款规定："侵害自然人人身权益造成严重精神损害的，被侵权人有权请求精神损害赔偿。"

于李某某遭受人格权损害的严重程度，这种后果虽然无具体量化标准，但是性行为权利对已婚妇女的重要性无须证明。

【温馨提示】

性权利遭到侵害，不要羞于启齿，要勇敢地拿起法律武器维护自己权益。

（本文原载于 2014 年 5 月 27 日《湖南日报》）

第二部分

信用卡、银行卡类

01 储蓄卡被复制盗刷，损失 31.5 万元归银行买单

何森玲　张　朗

【判决结果】

怀化市中级人民法院二审审结了一起储蓄卡被复制盗刷案件，维持鹤城区人民法院一审判决，判令张某丢失的 31.5 万元存款最终由银行来买单。

【案情回放】

2014 年 10 月 12 日 19 时 10 分左右，中方县某学校老师张某在逛商场时收到某建设银行发来短信，内容为："您尾号为 6887 的储蓄卡账户 10 月 12 日 19 时 4 分消费支出人民币 315000.00 元，活期余额 194.83 元。"张某立即打开随身携带的钱包，发现银行卡仍然在钱包中，便立即拨打该银行服务热线，向客服工作人员反映银行卡在身上、自己没有消费刷卡的情况，客服人员回答确实被刷卡消费，且告知刷卡消费地点在云南省官渡区"简单服饰店"。随后，张某到该行反映情况，该行表示不能冻结 31.5 万元存款，存款已经被盗窃且不能返还张某。为此，张某将该银行诉诸法院，请求该行赔偿张某的全部存款本息。

【法官说法】

审理本案的法官王友华说，商业银行应当保障存款人的合法权益不受任何单位和个人的侵犯。未能保证银行卡的唯一性和不可复制性，导致银行卡被复制盗刷，张某因此遭受的损失应当由银行承担赔偿责任。银行主张张某对泄露银行卡信息及密码存在过错，但是未提供证据予以证明①，不能仅凭张某的银行卡被他人盗刷，即推定张某对保管银行卡信息及密码存在过错。因此，判决该银行赔偿张某全部存款本息。

【温馨提示】

广大市民在使用银行卡时一定要妥善保护好密码，在公共场合或者在电子信息平台上不要泄露密码，也不要将银行卡随意外借，以免留下安全隐患。

（本文原载于 2015 年 12 月 29 日《湖南日报》）

---

① 《中华人民共和国民事诉讼法》第 65 条第 1 款规定："当事人对自己提出的主张应当及时提供证据。"谁主张，谁举证。银行主张张某对泄露银行卡信息及密码存在过错，但是无法提供证据，故败诉。

02 自动取款机被安装盗码器，存款被盗银行赔

何淼玲　刘　健　李芝秀

【判决结果】

不法分子在自动取款机上安装盗码器，偷拍持卡人卡上信息和密码，然后复制成伪卡，凭伪卡盗取余额，持卡人将银行告上法庭。宁乡县(2017年改为宁乡市)人民法院一审判令被告中国银行股份有限公司宁乡县支行给付持卡人阳某4008元及此款相应的银行活期存款利息。另一名被告中国工商银行长沙枫林支行不承担责任。

【案情回放】

2009年5月，宁乡县黄材镇胜溪村农民阳某在中行宁乡县支行办理了一张长城电子借记卡。9月30日，他在中行宁乡县支行东沩广场营业点自动取款机上取款时，查询到卡内尚有余额4080元。10月3日，阳某发现卡内无端少了4008元，当即向公安机关报案。公安机关侦查确认，原来是犯罪嫌疑人在东沩广场自助银行门禁系统上安装了盗码器，偷拍了阳某借记卡上信息和密码，然后复制成伪卡，凭伪卡在中国工商银行长沙枫林支行的自动取款机上盗取存款。阳某于是将中行宁乡县支行和工行长沙枫林支行告上法庭，要求他们共同支付4008元及相应的银行活期存款利息。

法庭上，中行宁乡县支行辩称本行不存在过错，是阳某未保管好自己的密码，被他人盗取，责任应当由阳某本人承担。工行长沙枫林支行辩称，阳某未在工行存款，因此未与工行建立合同关系，阳某把工行列为被告属滥用诉权。阳某的损失应当由他本人承担。

【法官说法】

审理本案的宁乡县人民法院民二庭副庭长刘健认为，《中华人民共和国合同法》第2条对合同一词有明确定义："合同是指平等主体的自然人、法人、其

他组织之间设立、变更、终止民事权利义务关系的协议。"①阳某在中行宁乡县支行办理长城电子借记卡后，即与中行宁乡支行建立了储蓄存款合同关系。按该法第 60 条"当事人应当按照约定全面履行自己的义务"和第 107 条"当事人一方不履行义务或者履行合同义务不符合约定的，应当承担继续履行、采取补救措施或者承担赔偿责任"之规定，本案中中行宁乡县支行应当履行向阳某支付存款本金及利息的义务。同时，中行宁乡县支行有义务为存款人提供安全的交易环境，最大限度地保护储户存取款安全。但是中行宁乡县支行在安全管理措施上存在重大疏漏，没有尽到合理范围内的安全保障义务，以致犯罪嫌疑人在该行所属营业点成功安装盗码器，进而窃取储户存款信息和密码后，仍然没有及时发现，因此应当承担赔偿损失的违约责任。本案中，工行长沙枫林支行对该行设置的自动取款机不能识别伪卡向犯罪嫌疑人所进行的支付，已经构成不当兑付。由于阳某是在中行宁乡县支行办的借记卡，而不是在工行长沙枫林支行办的卡，因此他只与前者建立了储蓄存款合同关系，并没有与后者建立储蓄存款合同关系。阳某以合同违约责任作为诉讼理由错误。故工行长沙枫林支行不应当承担责任。如果阳某以侵权赔偿为由提起诉讼，则工行长沙枫林支行与中行宁乡县支行都可以列为被告，应当共同承担责任。

【温馨提示】

利用自动取款机刷卡办理业务方便、快捷，如何保护客户信息不被盗取？除了客户自己树立安全刷卡意识外，银行作为设置自动取款机的机构，应当最大限度地保护存款人存取款安全。因此，银行制定有效的安全防范管理措施已经迫在眉睫。

（本文原载于 2010 年 3 月 25 日《湖南日报》）

---

① 《中华人民共和国合同法》现已废止，相关内容归入 2021 年 1 月 1 日起施行的《中华人民共和国民法典》。《中华人民共和国民法典》第 509 条第 1 款规定："当事人应当按照约定全面履行自己的义务。"

03 粗心女忘记取走银行卡，贪心男"顺"走 1.3 万被刑拘

何淼玲　王　鹏　周再明

【办案结果】

桃江县桃花江镇肖女士在 ATM 机上取钱时一时大意，忘记取回银行卡，被随后前来取钱的男子璩某取走 13000 元钱。璩某被桃江县公安局依法刑事拘留。

【案情回放】

2015 年 5 月 24 日下午，桃江县公安局接到市民肖女士报警，称自己中午在桃花江镇资江路建设银行自动取款机上取钱后，忘记将自己的银行卡取出，随后被人取走 1.3 万元。接警后，刑侦大队民警通过调取视频，初步锁定犯罪嫌疑人璩某。同月 27 日凌晨，民警将正在上网玩游戏的璩某抓获。

原来，5 月 24 日中午 12 时许，璩某到桃花江镇资江路建设银行取款时，发现取款机上有张银行卡，璩某查询卡内余额，发现还有 2 万多元，便向他自己的账户内转入 1.3 万元，然后弃卡离去，随后将这 1.3 万元"横财"挥霍一空。

【民警说法】

办理本案的刑侦大队民警肖超雄介绍，璩某冒用他人信用卡，取走 1.3 万元现金挥霍一空，璩某的行为触犯《中华人民共和国刑法》第 196 条第 3 款的规定，已经涉嫌构成信用卡诈骗罪。

【温馨提示】

君子爱财，取之有道。捡到他人银行卡或者其他财物，应当主动上交银行或者公安机关。见财起意，不仅是失德行为，更触犯刑法。

（本文原载于 2015 年 6 月 3 日《湖南日报》）

04 卡未离身存款被盗，银行被判担责

何淼玲　邹　渊　曾　妍

【办案结果】

长沙市望城区人民法院审理了一起储蓄存款合同纠纷案，经过努力，双方达成调解，被告某银行赔偿储户刘某 9000 元。

【案情回放】

原告刘某持有某银行发行的借记卡。2016 年 8 月 22 日晚，刘某身处望城区桥驿镇，借记卡随身携带，短短 4 分钟内，该卡账户在岳阳临湘市发生 6 笔取款交易。刘某随即前往 ATM 机进行查询，卡内共计被取走 15300 元，余额仅剩 80 余元。刘某当即报警并拨打银行客服电话咨询。

刘某多次找银行协商赔偿事宜未果，诉至望城区人民法院请求赔偿。

【法官说法】

审理本案的法官邹渊认为，从银行方面讲，银行有义务保护储户的资金安全，要保证所发行的银行卡等凭证具有唯一性。如果银行卡被他人复制，导致储户资金被伪造卡盗刷，则银行未尽到安全保障义务。

从储户方面来说，必须妥善保管好自己所设密码。如果输入正确密码是其银行卡交易的唯一手段，那么储户未妥善保管交易密码，发生密码泄露导致卡被盗刷，储户自身也有一定过错，要承担一定责任。法院综合以上情况作出上述调解。

【温馨提示】

储户持银行卡交易时，要注意观察周围环境，不让卡离开自己视线。输入密码时要采取遮挡措施，以防泄露密码。一旦发现卡被盗刷，应当立即打银行电话挂失，并拨打 110 报警，第一时间前往就近银行或者 ATM 机进行一次存取款或者转账交易，并保留好交易凭条，以此证明卡被盗刷时银行卡在自己身边。

（本文原载于 2017 年 4 月 11 日《湖南日报》）

05 消费需理性，恶意透支信用卡获刑6年

何淼玲　贺力平

【判决结果】

拿着信用卡透支用来做生意，生意亏本后又透支来补窟窿，在规定的时间内不还信用卡上已经透支的钱，还在银行多次催收时逃匿。2016年1月4日，邵阳市双清区人民法院一审以信用卡诈骗罪判处被告人吕某有期徒刑6年，并处罚金5万元。

【案情回放】

吕某是"80后"，没有做过生意的他在2012年成立了一家广告公司。刚开始，公司效益还不错。随着竞争日趋激烈，公司渐渐入不敷出，他就在中国农业银行办理了一张透支额度为20万元的信用卡，用于资金应急。

2014年1月，吕某使用中国农业银行的信用卡透支，用于购买生产原料及日常开支等，至同年8月透支本金共计19万余元且开始不归还欠款。银行工作人员采用短信催款，吕某均以自己生意做亏了，等段时间再还款为由搪塞。银行又分别于10月上旬、11月中旬到吕某家中催款，吕某更换手机号码与住址，逃避银行催收。2015年5月，吕某被公安机关抓获归案。

【法官说法】

审理本案的法官王亚平认为，被告人吕某以非法占有为目的，使用银行信用卡恶意透支，数额巨大，过期不归还，经发卡银行多次催收，超过3个月仍然不归还，且更换联系方式与地址逃避银行催收，可以推定吕某主观上有恶意透支的故意，吕某的目的就是想将透支款占为己有，吕某的行为已经构成信用卡诈骗罪。鉴于案发后吕某如实供述自己的罪行，且当庭自愿认罪，法院遂作出前述判决。

【温馨提示】

部分年轻人习惯使用信用卡并喜欢超前消费、透支消费，但是一定要量力而行，避免超出自己的偿还能力。

（本文原载于2016年3月2日《湖南日报》）

06 办卡 13 张透支 14 万，卜某滨坐牢又罚金

何淼玲　焦　焰　韩　枚　刘玲玲　冯　苹

【判决结果】

2009 年 10 月 7 日，长沙市天心区人民法院一审以信用卡诈骗罪判处卜某滨有期徒刑 7 年，并处罚金 10 万元，追缴卜某滨非法所得人民币 14 万余元。

【案情回放】

2006 年，卜某滨在一家媒体的聚宝盆栏目负责从事广告业务，卜某滨手下有 10 余名员工。2007 年 3 月，中信银行长沙分行的工作人员到该栏目组推销信用卡，卜某滨除以本人身份证申请办理 1 张中信银行信用卡金卡外，还在妻子及手下 11 名员工不知情的情况下，利用自己工作便利，私自以他们的名义申请办理 12 张信用卡。卜某滨从银行工作人员那里收到 13 张信用卡后，全部由自己掌握支配。2007 年 3 月至 2008 年 1 月，他多次利用这 13 张卡在银行或者小超市的 POS 机中透支套取现金，或者在商场透支消费，共计人民币 141548.48 元，均予以挥霍。银行在卜某滨使用的每张信用卡透支后多次以电话、短信、委托律师事务所发送催收函等方式催其还款，但是其一直不予归还。

【法官说法】

审理本案的法官认为，卜某滨以非法占有为目的，利用本人的信用卡进行恶意透支，并冒用他人的信用卡进行恶意透支，数额巨大，卜某滨的行为已经构成信用卡诈骗罪。

【温馨提示】

信用卡这种非现金交易付款方式，以方便快捷的特点，越来越得到推广和普及。信用卡所特有的先消费后付款的机制，是对持卡人诚信的一种考验。人无信不立。使用信用卡应当以信用为前提，只有持卡人遵守信用卡使用规则，自己才不至于以身试法，金融管理秩序才得以正常进行。

（本文原载于 2010 年 3 月 12 日《湖南日报》）

07 卡未离身异地被盗，卡主和银行各担其责

何淼玲　丁　涛　彭里

【判决结果】

将钱存进银行，存折和借记卡在自己手里，账户上的钱却不翼而飞。3月8日，汉寿县人民法院对这起储户与银行之间的储蓄存款合同纠纷案作出一审判决，判决中国银行股份有限公司汉寿支行赔偿曾某存款损失10250元。

【案情回放】

2011年11月15日，住汉寿县龙阳镇东正街的曾某在中国银行汉寿支行分理处办理了个人活期存储开户业务，一折一卡，凭密码支取。2012年10月4日，曾某账户上的存款余额为10288.40元。10月5日11时许，曾某手机突然接到中国银行汉寿支行短信平台发送的5条手机业务短信，告知曾某账户通过ATM机发生了取款业务。曾某当即到分理处反映情况，并查询发现曾某账户仅剩38.40元。曾某向汉寿县公安局龙阳镇派出所报案。经查，曾某存款是在2012年10月5日被他人在陕西省西安市支取的，分5笔共支取10200元，被银行卡总中心扣除5笔手续费共计50元。案件一时无法侦破，曾某诉之法院要求银行赔偿损失。

【法官说法】

审理本案的法官黄晓玲认为，曾某将存款存入银行，银行向曾某发放存折及借记卡，双方形成储蓄存款合同关系。曾某存款被盗取时，存折和借记卡在自己手里，故可认定曾某存款系被他人用复制的磁卡在异地ATM机上盗取。银行和储户既然已经订立储蓄存款合同，客户的信息资料和存款都由银行保管，且存取款活动都要在银行进行，银行有义务为客户提供安全有效的技术保障，保证客户存款安全。曾某存款被他人在异地用复制的磁卡盗取，而银行未能识别磁卡真伪，表明银行的交易安全存在缺陷，应当承担审查不严所导致的法律后果。根据《中华人民共和国合同法》第60条第1款"当事人应当按照约

定全面履行自己的义务"之规定①，判决银行承担 10250 元的损失。

【温馨提示】

储户存款被盗取之事时有耳闻，银行应当采取切实措施，确保储户存款安全，其实也是保护银行自身的安全。

（本文原载于 2013 年 3 月 13 日《湖南日报》）

---

① 《中华人民共和国合同法》现已废止，相关内容归入 2021 年 1 月 1 日起施行的《中华人民共和国民法典》。《中华人民共和国民法典》第 509 条第 1 款规定："当事人应当按照约定全面履行自己的义务。"

08 买卖银行卡200张，这条"生财之道"通向监狱

何淼玲　王　鹏　周再明

【办案结果】

在QQ群里得知买卖银行卡也能赚钱，23岁的男子龙某把贩卖银行卡当成了兼职，3个月贩卖银行卡近200张。2017年5月27日，他因涉嫌妨害信用卡管理罪，被桃江县警方依法刑事拘留。

【案情回放】

2017年3月27日，桃江县沾溪镇的尹某接到一个自称是公安机关的电话，告知尹某的身份证被毒贩利用，银行账号将被冻结，需将银行卡内的钱转至"安全账户"。尹某按要求把银行卡内32481元转至对方提供的账号。接到尹某报警后，桃江县公安局沾溪派出所经过两个月奋战，查明尹某的钱流入了长沙某银行客户龙某的卡内。5月27日，民警将龙某抓获时，当场缴获了15张银行卡。事情原来是这样的：2017年2月，龙某在长沙找工作时，发现有人在网上发布兼职信息，称为他办理一张银行卡可支付100元报酬。龙某遂用自己的身份信息办了一张银行卡。对方收到卡后，果真通过微信支付了100元。龙某认为找到了一条生财之道，在明知对方用于诈骗的情况下，依旧通过网络寻找学生和打工族，让他们用自己的身份信息办理银行卡，再以100元每套(包括银行卡、U盾、身份证复印件、手机号码等)的价钱收购，然后先以200元每套的价格出卖，后涨价到300元每套。3个月内，龙某通过各种途径购买销售各类银行卡近200张，非法获利2万余元。

【民警说法】

办理本案的沾溪派出所所长何意介绍，根据《中华人民共和国刑法》第177条规定，非法持有他人信用卡，数量较大的，构成妨害信用卡管理罪，处3年以下有期徒刑或者拘役，并处或者单处1万元以上10万元以下罚金；数量巨大或者有其他严重情节的，处3年以上10年以下有期徒刑，并处2万元以上20万元以下罚金。"数量较大"是指累计持有5张以上不满50张的；"数量巨大"是指累计持有50张以上。龙某以牟利为目的，先后购买并出售近200张银行

卡，龙某的行为已经触犯刑法。

【温馨提示】

广大居民应当树立防范意识，不要贪图小利而将本人身份信息、银行卡等出借出售，以免被不法分子利用，害人害己。

（本文原载于 2017 年 6 月 6 日《湖南日报》）

09 办信用卡填写他人名字，卡被透支自己需担责

何淼玲　刘娇丽

【判决结果】

永州市中级人民法院作出二审判决：上诉人中国农业银行股份有限公司江华瑶族自治县支行一次性返还被上诉人梁某军人民币19151.1元并支付利息。此判决意味着梁某军自己也承担了38300元损失的一半。

【案情回放】

梁某军与农行江华支行办理了申请授信额度为3万元的信用卡相关手续，签订了《中国农业银行金穗卡领用合约》。该合同约定：梁某军收到信用卡后，应当在卡片背面签署与申请表签名相同的签名，并在用卡时使用该签名。梁某军在填写申请资料时，却将联系人确定为欧某明，并注明了欧某明的联系电话。

2012年4月9日，案外人欧某明在梁某军不知情的情况下到农行江华支行领取该信用卡，先后共恶意透支人民币29150元。2012年5月25日，梁某军收到农行短信，才得知自己的信用卡被冒领并恶意透支。2013年11月，梁某军共计偿还被欧某明透支的本金29150元及利息9152.2元。2013年12月31日，欧某明被法院以信用卡诈骗罪定罪量刑。后来，梁某军向法院起诉，要求农行江华支行返还信用卡透支款本金及利息38300元。

一审法院以农行江华支行不当得利判处农行江华支行返还梁某军38300元。农行江华支行不服，向永州市中级人民法院上诉。

【法官说法】

审理本案的永州市中级人民法院法官李飞认为，由于梁某军在申请办卡时在银行留下的联系人为欧某明，后来又将本人的身份证交给欧某明，是导致梁某军办理的信用卡被欧某明领走的一个原因。因此，梁某军对本案损失发生具有过错。农行江华支行没有将信用卡交给梁某军本人，也具有一定过错。综合

双方的过错程度,应当各承担本案损失的一半。①

【温馨提示】

填写信用卡申请资料时需谨慎,切莫因信息填写不当给自己造成经济损失。

(本文原载于 2015 年 7 月 31 日《湖南日报》)

---

① 《中华人民共和国民法典》第 592 条第 1 款规定:"当事人都违反合同的,应当各自承担相应的责任。"

10　同村同名同姓取走存款，法院判决返还不当得利

何淼玲　曾　妍　肖文淑　彭　鹏

【判决结果】

银行工作人员工作失误，导致储户雷小某 8000 元存款被同名同姓的人提走。3 月 28 日，祁东县人民法院以不当得利为由，判决被告雷小某返还原告雷小某的存款 8000 元及利息。

【案情回放】

原告雷小某与被告雷小某系祁东县河洲镇毛家堰村同村村民，且同名同姓。2008 年 10 月，原告雷小某在中国邮政储蓄银行某营业所存款 8000 元，2012 年 10 月去取款时发现存款被别人取走。经查询发现，2010 年 3 月 19 日，被告雷小某到该营业所办理存单挂失手续，由于营业所工作人员的工作失误，便将原告雷小某的存单挂失并补办给了被告雷小某，随后被告雷小某便用补办的存单将钱取走了。原告多次要求被告返还，被告一直未予返还。为此，原告便诉请法院判决被告返还不当得利。

【法官说法】

审理本案的法官彭鹏认为，《中华人民共和国民法通则》第 92 条规定："没有合法根据，取得不当利益，造成他人损失的，应当将取得的不当利益返还受损失的人。"①被告雷小某用补办的存单将原告的存款取走，属不当得利，致使原告雷小某受到损失。因此，被告雷小某应当返还原告雷小某的存款 8000 元及利息。

---

① 《中华人民共和国民法通则》现已废止，相关内容归入 2021 年 1 月 1 日起施行的《中华人民共和国民法典》。《中华人民共和国民法典》第 985 条规定："得利人没有法律根据取得不当利益的，受损失的人可以请求得利人返还取得的利益。但是有下列情形之一的除外：（一）为履行道德义务进行的给付；（二）债务到期之前的清偿；（三）明知无给付义务而进行的债务清偿。"

【温馨提示】

银行工作人员应当仔细核对储户信息，尽量避免出错；公民的收入应当通过合法方式取得，通过非法手段获取国家、集体和第三人所有的财物，应当及时返还。

（本文原载于 2014 年 4 月 10 日《湖南日报》）

11 网银转账汇错款，法院帮他追回来

何淼玲　贺力平　李博偲

【判决结果】

一时大意将钱汇错了账户，如果对方拒不承认收到款项，该怎么办？其实只要证据充分，钱还是能找回来的。邵阳市双清区人民法院就审结了这样一起案件，一审判决被告周某全额返还5万元给汇款人欧某。

【案情回放】

2016年1月25日，原告欧某用某银行手机软件转账，一不小心把5万元转到了素不相识的被告周某在江苏某银行开户的银行卡里。2月6日，欧某向居住地公安机关报案，被告知不满足刑事立案条件。几经周折，欧某找到周某，要求周某将汇入账户的5万元返还给自己，周某以各种理由拒绝。无奈之下，欧某上法院起诉，要求周某返还自己汇错的5万元。

【法官说法】

审理本案的法官王芳认为，《中华人民共和国民法通则》第92条规定，没有合法根据，取得不当利益，造成他人损失的，应当将取得的不当利益返还受损失的人。原告欧某与被告周某无合同、侵权等法律关系，欧某用手机银行转账时不慎将钱款误转入户名为被告周某的银行账户，周某应当及时予以返还。周某拒不返还，构成不当得利。法院遂作出前述判决。

【温馨提示】

网银转账是个细致活，有关姓名、数据一定要仔细核对，一旦出错就非常麻烦。

（本文原载于2017年6月21日《湖南日报》）

12 银行误将 4200 元汇为 42000 元，储户拒绝返还吃官司

何淼玲 史明华 赵智泉

【判决结果】

银行职员操作失误，误将汇款 4200 元汇为 42000 元。银行卡里一下多了 37800 元，符某动了心，拒绝返还银行多汇的现金。4 月 10 日，沅陵县人民法院开庭审理了中国邮政储蓄银行股份有限公司广西融安县支行诉符某不当得利纠纷一案，判决符某连本带息返还银行 39123 元，并承担案件合理诉讼费用。

【案情回放】

2013 年 12 月 23 日，案外人朱某受店主吴某委托，向中国银行邮政储蓄股份有限公司广西融安县支行的符某（沅陵县人）账户汇款 4200 元。因银行工作人员操作失误，误将汇款金额 4200 元汇为 42000 元，多转了 37800 元到符某的账号里。次日银行发现错汇后，立即与符某联系，要求返还多汇的款项。多次催讨未果后，2014 年 11 月 24 日，该银行将符某告上湖南省沅陵县人民法院。

法院查明：2013 年 12 月 23 日，符某在收到 42000 元的转款后，于当日连续分 7 次通过该卡取走现金 20000 元。

【法官说法】

审理本案的法官赵智泉认为，《中华人民共和国民法通则》第 92 条规定：没有合法根据取得不当利益，造成他人损失的，应当将取得的不当利益返还受损失的人。本案中，符某因银行工作人员操作失误无故获得 37800 元，银行受到经济损失，银行的损失和符某获得利益之间存在因果关系，符某获得的利益没有合法根据，符合不当得利的构成要件，符某应当将取得的不当利益返还银行。法院为此依法判决符某返还银行现金 37800 元，利息 1323 元，负担诉讼费用 778 元。

【温馨提示】

不是自己的钱,一分都不能要。符某由于贪心,不但被判决返还不当得利,还支付了利息,承担了诉讼费,还应当受到道德的谴责。

(本文原载于 2015 年 6 月 24 日《湖南日报》)

13 被人冒名贷款产生不良记录，银行道歉并赔偿

何森玲 曾 妍 胡康宁

【判决结果】

因他人冒用受害人身份资料在银行贷款，导致受害人产生不良信用记录，由此对受害人造成的损失，银行应当承担赔偿责任。湘潭县人民法院判决的罗女士起诉湘潭县某银行侵权纠纷案，经过二审法院判决，认定湘潭县某银行对他人以罗女士之名的骗贷导致罗女士留下不良贷款信用记录的事实，由湘潭县某银行赔偿罗女士精神损害抚慰金等损失 1 万元。

【案情回放】

2015 年 8 月 26 日，罗女士及其丈夫在向中国邮政储蓄银行申请个人消费贷款时，发现她个人存在贷款不良信用记录，后查实系他人利用罗女士在某移动公司办理业务时留下的身份证资料，假冒罗女士之名，在湘潭县某银行办理了两笔信用贷款，并产生了不良信用记录。事后，罗女士多次向中国人民银行湘潭市分行等反映情况、调取资料，湘潭县某银行向上级银行申请消除了罗女士在人民银行征信系统中的不良信用记录，但是双方就赔偿一事多次协商未果，罗女士遂诉至法院。

【法官说法】

审理本案的法官张雪强认为，罗女士因生活需要向银行贷款时发现自己存在不良贷款记录，经多次向湘潭县某银行及相关部门反映、投诉，得知是因湘潭县某银行管理不善，该银行工作人员利用职务便利，帮助他人冒用罗女士之名贷款未还而产生不良贷款记录。虽然不良贷款记录已经消除，但是在发现自己存在不良贷款记录到消除不良贷款记录期间，罗女士承受了巨大的精神压力，也为此花费了大量时间和精力。① 湘潭县某银行的行为对罗女士的生活、工作均产生了不良影响，亦造成了一定损失，罗女士有权主张赔偿。因此，法

---

① 《中华人民共和国民法典》第 996 条规定："因当事人一方的违约行为，损害对方人格权并造成严重精神损害，受损害方选择请求其承担违约责任的，不影响受损害方请求精神损害赔偿。"

院判决湘潭县某银行在判决生效后 3 日内公开向罗女士赔礼道歉，并赔偿罗女士精神损害抚慰金等损失 1 万元。

【温馨提示】

信用记录对公民来说非常重要。罗女士遭受无妄之灾，完全是银行管理不善所致。银行应当加强对员工的管理，不做有损银行信用的事。

（本文原载于 2016 年 12 月 29 日《湖南日报》）

第三部分

酒驾、违章驾驶、道路交通安全类

01 醉驾农用车，同样受处罚

何淼玲　贺力平

【判决结果】

大部分人知道醉酒驾驶机动车是一种刑事犯罪行为。但是对于一些农民朋友来说，误认为查酒驾就是查汽车，像酒后驾驶拖拉机、农用三轮车，交警不会查。这种认识是错误的。醉酒驾驶农用车，同样会受到法律制裁。邵阳市双清区人民法院以危险驾驶罪判处酒后驾驶农用车的廖某拘役 3 个月，缓刑 6 个月，并处罚金人民币 1000 元。

【案情回放】

2015 年 9 月 4 日晚，邵阳市交警支队双清区大队交警在辖区洛阳洞地段查抓酒驾行为，廖某驾驶一辆小型方向盘式拖拉机而来。交警让廖某对着测试仪器吹气，发现廖某满脸通红，言辞间有些醉意。交警将他带至邵阳市某医院进行血液酒精含量测试，结果显示为 97.03 mg/100 mL，达到醉驾标准。

【法官说法】

审理本案的法官魏永耀认为，《中华人民共和国国家标准》关于机动车的定义为：机动车是由动力装置驱动或者牵引、在道路上行驶的、供乘用或者（和）运送物品或者进行专项作业的轮式车辆，包括汽车及汽车列车、摩托车及轻便摩托车、拖拉机运输机组、轮式专用机械车和挂车等。拖拉机属于机动车的一种。我国刑法规定，在道路上醉酒驾驶机动车的构成危险驾驶罪。醉驾标准为血液酒精含量大于或等于 80 mg/100 mL。本案中，廖某的行为已经构成危险驾驶罪。

【温馨提示】

喝酒会造成意识逐渐模糊，行为不受大脑控制，一旦碰到突发情况，会导致驾驶员缺乏必要的应急能力，进而对公共安全带来危害。因此，一定要牢记"开车不喝酒，喝酒不开车"的原则，杜绝酒后开车。

（本文原载于 2016 年 7 月 6 日《湖南日报》）

02 醉酒驾驶摩托车，酿成小祸也犯罪

何淼玲　郭秀峰

【判决结果】

酒驾入刑后，凡有车一族不管是货车、小车还是骑摩托车的都得当心了。不论是否酿祸，只要达到醉驾标准都可能领刑。2017 年 1 月 3 日，酒后驾驶摩托车的唐某财便因危险驾驶罪，经醴陵市人民检察院提起公诉，被该市人民法院以危险驾驶罪判处拘役 6 个月，缓刑 1 年，并处罚金 5000 元。

【案情回放】

唐某财系醴陵市人。2016 年 10 月 25 日 14 时许，他饮酒后持 D 型机动车驾驶证驾驶一辆普通两轮摩托车从醴陵市城南大道出发驶往王仙镇。14 时 20 分许，当车行至 106 国道路段，超越同向行驶张某驾驶的一辆两轮摩托车时与该车发生刮擦，并造成张某受伤。经交警部门认定，唐某财对此次事故负全责。事后，经检测，唐某财血液酒精含量为 321.73 mg/100 mL，为醉酒驾驶。案发后，唐某财赔偿了张某各项损失 500 元，得到对方谅解。

【检察官说法】

办理本案的检察官黄彤认为，《中华人民共和国刑法》第 123 条规定，在道路上醉酒驾驶机动车的均构成危险驾驶罪。[①] 也就是说，只要在醉酒状态后驾驶各类机动车，不论是否酿成事故或者酿成较小的事故均涉嫌危险驾驶罪。

【温馨提示】

我国刑法规定的机动车包括摩托车在内的各类机动车辆。各位有车又喜欢喝酒的朋友，酒后莫开车，开车莫喝酒，特别是骑摩托车的更不要心存侥幸不把酒驾当回事。

（本文原载于 2017 年 1 月 6 日《湖南日报》）

---

① 《中华人民共和国刑法》(2020 修正)将上述危险驾驶罪的相关内容规定由第 123 条改为第 133 条之一。

03 追车出人命，赔偿13万

何淼玲　刘小庚

【判决结果】

永州市中级人民法院对一起交通肇事致人死亡案作出终审判决：史某某对陈某死亡负有次要责任，赔偿陈某家人经济损失13万余元。

【案情回放】

2010年6月的一天，家住新田县龙泉镇的陈某驾驶两轮摩托车，与同镇居民史某某的小车发生刮擦。陈某加速逃离，史某某驾车追赶。陈某的摩托车与行驶在同车道上李某的自行车追尾相撞，陈某当即死亡，李某受伤。交警部门认定：陈某无证超速行驶撞车，负事故主要责任；史某某超安全规范驾车，负事故次要责任；李某违章在机动车道上骑自行车，负事故的次要责任。随后，陈某遗属向新田县人民法院起诉，要求史某某赔偿因陈某死亡而造成的经济损失。2012年10月，一审法院判决后，史某某不服，以自己驾驶的小车与发生事故车辆未相撞，交警部门的责任认定不当，自己不应当承担事故责任为由提起上诉。

【法官说法】

审理本案的法官认为，陈某的逃离行为存在过错，史某某的追赶行为存在高度的危险性，二人追赶行为置他人的人身财产安全于不顾，放任危险的发生与持续，存在明显的主观过错，最终酿成车毁人亡的悲惨事故，故二人应当对这次事故的发生承担相应的侵权责任。综合考虑各方当事人的过错程度，依据《中华人民共和国道路交通安全法》《中华人民共和国民事诉讼法》等相关规定，二审法院最终作出了上述判决。

【温馨提示】

肇事车主逃逸，受害车主应当立即报警，切不可盲目驱车追赶，以免发生更大的危险，造成他人人身伤亡或者财产损害。

（本文原载于2014年5月26日《湖南日报》）

04 占道办丧事引发车祸

何淼玲　胡四清　禹爱民

【判决结果】

高某驾驶摩托车，被周甲、周乙放置在道路中间的两棵樟木绊倒受伤，协商赔偿未果后，高某将周甲、周乙告上法院，要求赔偿11万余元。华容县人民法院一审判决周氏兄弟承担60%的责任，赔偿高某61050元。

【案情回放】

2014年7月，高某驾驶二轮摩托车并搭载二人经过周甲、周乙房屋前时，撞到放置在道路中间与彩棚相连的两根树木，高某摔倒受伤。彩棚系周氏兄弟为办理其叔父周某的丧事而在自家门前公路边搭建，为防止过路车辆碰撞彩棚，特在彩棚周边置放两根树木。高某受伤后住院治疗8天，支付医药费16353元。经鉴定属重伤二级，十级伤残。

【法官说法】

审理本案的法官邓葵认为，《中华人民共和国道路交通安全法》第31条规定：未经许可，任何单位和个人不得占用道路从事非交通活动。周氏兄弟办理丧事违规占用公路搭彩棚，并在公路上违规设置障碍物，影响公路畅通，是造成高某驾车摔伤的直接原因，故周氏兄弟对本案事故负有主要责任，应当承担原告损失的60%；高某搭载超员，且未注意行车安全，对事故的发生亦有过错，对本案事故负有次要责任，应当承担自身损失的40%。

【温馨提示】

占道办红白喜事，在农村及一些小城镇比较普遍，对存在的隐患大多熟视无睹，希望大家从中吸取教训。

（本文原载于2015年5月12日《湖南日报》）

05 暖！一次事故，两次赔偿

何淼玲　卿　凯　肖　瑛

【判决结果】

3 月底，岳阳市中级人民法院就上诉人安邦财产保险股份有限公司湖南分公司与被上诉人刘某英、熊某华、陈某德机动车交通事故责任纠纷一案，终审判决驳回上诉，维持原判。由安邦财险公司和陈某德赔偿刘某英、熊某华因刘某死亡造成的损失共计 411825.9 元。剔除伤残赔偿金 114707.3 元后，还要赔付刘某英、熊某华共计 297118.6 元。

【案情回放】

2010 年 7 月 21 日，长沙县安沙镇太兴村陈某德驾驶货车沿 107 国道行驶至汨罗市时，与该市弼时镇共荣村刘某的助力车相撞，造成刘某受伤。交警部门认定双方负同等责任，该案经汨罗市人民法院判决，刘某与安邦财险公司达成了执行和解协议且已履行完毕。2012 年 12 月 18 日，刘某再次旧伤复发，家人将其送至长沙某医院抢救，因救治无效于同年 12 月 29 日死亡。次年 3 月 15 日，经省人民医院司法鉴定中心鉴定，认定刘某的死亡与本次交通事故有直接的因果关系。刘某的家属刘某英、熊某华诉至法院要求安邦财险公司和陈某德赔偿刘某死亡的损失。安邦财险公司以已经对刘某伤残情况作出赔偿且已经全部执结完毕为由不同意再次对死亡结果作出赔偿。一审法院判决后，安邦财险公司不服，提起上诉。

【法官说法】

审理本案的法官吴圣岩认为，本案中的执行和解协议仅是对刘某在交通事故中因伤残所造成的损失进行的赔偿，刘某在签订协议时根本不可能预先知道还会出现死亡的后果。后刘某旧伤复发死亡，经司法鉴定，刘某的死亡与本次交通事故存在直接因果关系，死亡是伤残恶化的延续，也是交通事故所造成的最终法律后果。作为赔偿义务人，必须就最终的法律后果承担赔偿责任。故刘某的家属完全可以就增加的损失部分再次要求赔偿。依据《中华人民共和国民事诉讼法》第 170 条"原判决、裁定认定事实清楚，适用法律正确的，以判决、裁定方式驳回上诉，维持原判决、裁定"之规定，驳回上诉，维持原判。

【温馨提示】

一次事故，两次赔偿。法院严格依法判决中显示出人性化的温情。

（本文原载于 2014 年 4 月 15 日《湖南日报》）

06 横！瘾君子抢夺警车方向盘

何淼玲　周丽君　王　燕

【判决结果】

吸毒人员肖志某为抗拒强制戒毒，竟然在高速公路上抢夺高速行驶中警车的方向盘，造成多名警员受伤和财产损失。肖志某被衡阳市雁峰区人民法院以以危险方法危害公共安全罪判处有期徒刑 4 年。

【案情回放】

肖志某住常宁市宜阳镇，因吸毒多次受到行政拘留和强制戒毒处罚，仍然不思悔改。2015 年 7 月 23 日，肖志某又被常宁市公安局决定强制隔离戒毒 2 年。当天下午 3 时许，常宁市公安局泉峰派出所副所长阳祖军带领两名干警，从常宁市押解肖志某到衡阳市公安局戒毒所执行强制隔离戒毒。下午 3 时 50 分，当警车行至泉南高速（衡枣段）813KM 地段时，肖志某听到阳祖军拒绝肖志某亲属的求情电话后心生不满，突然从后排座位扑向前排驾驶室，用手抓住方向盘并往右猛打，警车随即失控，连续撞击高速路的防护栏，造成车上 3 名干警受伤。经鉴定，警车和防护栏损失价值共计 31892 元。

【法官说法】

审理本案的法官农必松认为，《中华人民共和国刑法》第 114 条规定，放火、决水、爆炸以及投放毒害性、放射性、传染病病原体等物质或者以其他危险方法危害公共安全，尚未造成严重后果的，处 3 年以上 10 年以下有期徒刑。肖志某为发泄心中不满，明知在高速公路上抢夺司机方向盘，会危及不特定人的生命、健康及财产安全，仍然实施此危险行为，肖志某的行为已经触犯刑法，构成以危险方法危害公共安全罪，法院遂作出以上判决。

【温馨提示】

肖志某多次受到强制戒毒处罚不思悔改，这次又抢夺方向盘，理应受到法律制裁。

（本文原载于 2015 年 12 月 10 日《湖南日报》）

07 险！高速公路上抢夺方向盘

何淼玲　曾　妍　周　涛

【判决结果】

正当大家喜气洋洋跨入 2015 年新年之时，在高速公路上抢夺大巴车方向盘的唐某却进了监狱。他被隆回县人民法院判处有期徒刑 4 年，罪名是以危险方法危害公共安全罪。

【案情回放】

2014 年 7 月 12 日，邵阳县九公桥镇塘洪村的唐某坐上了深圳至隆回县的大巴车。在大巴车行驶过程中，唐某因在车上吸烟与乘务员发生争吵。唐某觉得自己受了气，便打电话将此事告知了侄儿唐某方。当载有 39 人的大巴车行经邵阳县境内的九公桥服务区时，唐某要求下车。司机黄某将车开到服务区后，发现有六七个年轻人（唐某方带来的人）在大巴车尾追赶，其中有几个年轻人手里持刀。司机黄某怕出问题，便加速离开服务区。此时，唐某继续要求司机停车并执意要下车，与司机和乘务员发生争执。唐某跑到司机身边伸手去抢夺正行驶在高速公路上的大巴车方向盘，并干脆直接坐到了方向盘上面，造成大巴车左右摇晃并险些翻车。情况危急！车内的乘务员及乘客合力将唐某从方向盘上拉下来并控制。

【法官说法】

审理本案的法官曾宪锋认为，乘客抢夺大巴车方向盘是一件非常危险的事情，关系到全车乘客的生命安全。唐某抢夺正在高速公路上行驶客车的方向盘并坐在方向盘上，造成车辆左右摇晃并险些翻车，严重危害了车上数十名乘客的生命财产安全，唐某的行为已经构成以危险方法危害公共安全罪。《中华人民共和国刑法》第 114 条规定，放火、决水、爆炸以及投放毒害性、放射性、传染病病原体等物质或者以其他危险方法危害公共安全，尚未造成严重后果的，处 3 年以上 10 年以下有期徒刑。① 唐某于 2013 年 12 月 10 日因犯贩卖毒品罪被邵阳县人民法院判处有期徒刑 6 个月，后刑满释放。《中华人民共和国刑法》第 65 条规定，被判处有期徒刑以上刑罚的犯罪分子，刑罚执行完毕或者赦免以后，在 5 年以内再犯应当判处有期徒刑以上刑罚之罪的，是累犯，应当从重处罚。法院综合以上情况，最终判处唐某有期徒刑 4 年。

【温馨提示】

抢夺正在行驶中汽车的方向盘，等于抢夺整车人的生命！遇事需理智，鲁莽摔跟头。

（本文原载于 2015 年 1 月 9 日《湖南日报》）

---

① 《中华人民共和国刑法》(2020 修正)第 133 条之二规定："对行驶中的公共交通工具的驾驶人员使用暴力或者抢控驾驶操纵装置，干扰公共交通工具正常行驶，危及公共安全的，处一年以下有期徒刑、拘役或者管制，并处或者单处罚金。"

08 奇！受惊小牛撞伤行人，肇事司机负责赔

何淼玲　刘　勇　曾　妍

【判决结果】

刘某平驾驶货车行驶时撞伤道路右边一头小牛，牛受惊吓后冲过道路撞倒行人罗某，致罗某受伤。新邵县人民法院一审判决被告中国平安财产保险股份有限公司邵阳中心支公司在交强险死亡伤残赔偿限额内赔偿原告罗某 6256 元，在商业第三者责任保险限额内赔偿原告罗某 22493.9 元；被告刘某平赔偿原告罗某 8156.1 元。

【案情回放】

2014 年 9 月 1 日，刘某平驾驶货车行驶到新邵县大新乡龙口溪路段时，货车前右角撞伤道路右边一头小牛，牛受惊吓后冲过道路撞倒道路左边行人罗某。罗某受伤后被送往当地骨伤科医院治疗，住院 39 天，共用去医疗费 37530.31 元。当地交警大队作出的道路交通事故认定书认定刘某平承担此次事故的全部责任。刘某平为该车在被告平安财保邵阳公司购买了交强险与 50 万元的商业第三者责任保险，但是未购买不计免赔。

【法官说法】

审理本案的法官朱黎源认为，双方当事人对交警大队作出的道路交通事故认定书均无异议，据此认定被告刘某平承担此次事故的全部责任。肇事车辆在被告保险公司处投保了交强险与商业第三者责任保险，原告罗某因此次交通事故造成的损失由被告保险公司在交强险限额范围内予以赔偿，超出交强险限额的部分，由被告保险公司在扣除不计免赔率后赔偿，不足部分由被告刘某平赔偿。

【温馨提示】

开车时请务必小心谨慎，宁停三分，不抢一秒。车主提前购买车辆商业保险，有利于减少因意外事故带来的经济损失。

（本文原载于 2015 年 7 月 26 日《湖南日报》）

09 巧！大树忽倒砸伤路人，公路局掏钱"买单"

何淼玲 曾 妍 晏耀如

【判决结果】

公路旁边的一棵大树因根部腐烂倒塌砸伤路人，公路管理部门未尽到管理和维护义务，应当依法承担赔偿责任。经石门县人民法院主持调解，由公路管理部门赔偿伤者覃某 4 万元。

【案情回放】

2015 年 1 月一天晚上，覃某驾驶摩托车去朋友家玩，不料祸从天降，公路右侧的一株大树忽然倒下，砸在覃某身上。被砸伤的覃某当即报警，公安民警迅速赶到事发现场，经勘查得知，事故发生非人为因素，而是这棵大树长时间枯死，根部腐烂，不能承受树干重量而倒塌所致。覃某治伤共花费医疗费 4200 余元，经鉴定构成十级伤残。伤愈之后他将公路局告上法院，索赔医疗费、残疾赔偿金等各项损失共计 43000 元。

【法官说法】

审理本案的法官徐光明认为，《中华人民共和国侵权责任法》第 90 条规定：因林木折断造成他人损害，林木的所有人或者管理人不能证明自己没有过错的，应当承担侵权责任。① 被告公路局作为事故路段的管理者，具有对该路段及时管理和维护的责任。公路两侧的大树系公路设施的一部分，树木长期自然枯死，存在隐患，公路管理部门应及时排除安全隐患。覃某被大树砸伤，系公路管理部门未尽到相应管理职责所致，应当依法赔偿覃某损失。

【温馨提示】

林木的所有者或管理者应当尽到管理义务，发现林木有倒塌、枝干脱落或者存在其他安全隐患时，应当及时排除，否则一旦发生安全事故，将承担法律责任。

（本文原载于 2015 年 3 月 17 日《湖南日报》）

---

① 《中华人民共和国侵权责任法》现已废止，相关内容归入 2021 年 1 月 1 日起施行的《中华人民共和国民法典》。《中华人民共和国民法典》第 1257 条规定："因林木折断、倾倒或者果实坠落等造成他人损害，林木的所有人或者管理人不能证明自己没有过错的，应当承担侵权责任。"

10 拖拉机不靠边停，致人死亡赔巨款

何淼玲　丁　涛　梅乐寒

【判决结果】

拖拉机在大桥上行驶时没油了，驾驶员李某文没有完全靠边停靠，导致骑摩托车的李某武撞上车尾，当场死亡。汉寿县人民法院判令负次要责任的李某文赔偿李某武亲属损失 133394 元。

【案情回放】

2012 年 8 月 19 日，汉寿县龙阳镇席家嘴村李某武，驾驶无牌二轮摩托车沿汉寿县沅水大桥由南往北行驶，碰撞到因无油停放在桥面同向右侧的一辆中型拖拉机（车主和驾驶员为汉寿县株木山乡竹子碑村李某文）左后尾部，当场死亡。2012 年 9 月 21 日，汉寿县公安局交通警察大队出具交通事故认定书，认定李某武负事故主要责任，李某文负次要责任。事故发生后，李某文向李某武亲属先行支付了赔偿款 3 万元。后双方就赔偿未达成协议，李某武亲属将李某文诉至法院。

【法官说法】

审理本案的法官黄晓玲认为，李某武未取得机动车驾驶证，驾驶未经国家登记的车辆行经桥面时，未降低行驶速度，李某武的行为违反《中华人民共和国道路交通安全法》第 8 条"机动车经公安机关交通管理部门登记后，方可上道路行驶"之规定，负本次道路交通事故主要责任。李某文驾驶未按规定检验、不符合安全行驶要求的车辆，车辆出现故障未及时报警，桥面停车未完全靠边，未设立明显标志，李某文的行为违反《中华人民共和国道路交通安全法》第 21 条"驾驶人驾驶机动车上道路行驶前，应当对机动车的安全技术性能进行认真检查；不得驾驶安全设施不全或者机件不符合技术标准等具有安全隐患的机动车"之规定，负本次道路交通事故次要责任。法院最终确定李某文承担 30% 的赔偿责任，共应当赔偿李某武亲属损失 133394 元，除去先行支付的 3 万元，还应当赔偿 103394 元。

【温馨提示】

驾车出行，遵守交通法规，注意交通安全，一刻也不能大意。

（本文原载于 2013 年 3 月 20 日《湖南日报》）

11 玩广场电动车致人死亡，责任多方担

何淼玲　卿　凯　肖　瑛

【判决结果】

江华瑶族自治县人民法院以过失致人死亡罪对在广场上租用电动玩具车嬉戏玩闹撞死他人的廖某判处有期徒刑 1 年，缓刑 2 年；判决该县城市管理行政执法局赔偿受害人家属损失 1.1 万元；判决违法出租玩具车的罗某与蒋某抵减已经赔偿的 3.3 万元后再赔偿受害人家属损失 2000 元。永州市中级人民法院二审维持了这一判决结果。

【案情回放】

2016 年 3 月 29 日晚，在该县某广场上，27 岁的廖某与朋友从罗某、蒋某摆的地摊上各租了一辆四轮电动玩具车玩耍，两人开着电动玩具车相互追逐。因疏忽大意，廖某从后方撞上了一位在广场上散步的老年人，致使其当场仰面倒地头部出血，后送医院抢救无效死亡。受害人住院治疗共花去医疗费 8 万余元。廖某家属垫付了 7800 元医疗费；地摊摊主罗某、蒋某垫付了 33100 元医疗费及丧葬费。

受害人家属将廖某、县城市管理行政执法局和摊主罗某、蒋某告上法院，要求三方赔偿损失。随后，廖某家属与受害人家属达成赔偿协议，赔偿 15 万元，并取得被害人家属谅解。

【法官说法】

审理本案的法官冯美芬认为，廖某驾驶电动玩具车过失致人死亡，除承担过失致人死亡的刑事责任外，还应当承担民事赔偿责任。根据《中华人民共和国侵权责任法》第 37 条："宾馆、商场、银行、车站、娱乐场所等公共场所的管理人或者群众性活动的组织者，未尽到安全保障义务，造成他人损害的，应当承担侵权责任。因第三人的行为造成他人损害的，由第三人承担侵权责任；管

理人或者组织者未尽到安全保障义务的，承担相应的补充责任。"①本案中，县城管局需对被害人的死亡承担城市公共场所管理过失责任，法院认定县城管局应当承担 10% 的经济损失；摊主罗某、蒋某在没有得到允许，无任何手续的情况下，在公共场合经营有危险性的玩具车，对损害的造成应当承担 30% 的经济损失。

【温馨提示】

广场成为当下城市居民休闲娱乐的主要去处，也成为商家经营娱乐项目的场所。希望大家玩耍时注意安全，有关部门要加强监管，杜绝此类事件发生。

（本文原载于 2017 年 1 月 18 日《湖南日报》）

---

① 《中华人民共和国侵权责任法》现已废止，相关内容归入 2021 年 1 月 1 日起施行的《中华人民共和国民法典》。《中华人民共和国民法典》第 1198 条规定："宾馆、商场、银行、车站、机场、体育场馆、娱乐场所等经营场所、公共场所的经营者、管理者或者群众性活动的组织者，未尽到安全保障义务，造成他人损害的，应当承担侵权责任。因第三人的行为造成他人损害的，由第三人承担侵权责任；经营者、管理者或者组织者未尽到安全保障义务的，承担相应的补充责任。经营者、管理者或者组织者承担补充责任后，可以向第三人追偿。"

12 借身份证给他人购车，发生事故要担责

何淼玲　刘幸昀　曾　妍

【判决结果】

李某将身份证借给他人购买摩托车，并办理登记。肇事司机在发生交通事故后逃逸。岳阳市云溪区人民法院一审审结这起机动车交通事故责任纠纷，判决原告甘某的损失 96959.7 元，由保险公司在交强险保险限额内赔偿 76477.7 元。剩余部分，被告李某作为法定车主承担 10% 的过错责任，其余 90% 原告可以向肇事逃逸司机要求赔偿。

【案情回放】

2012 年 8 月 10 日，原告甘某驾驶二轮摩托车正常行驶，与相向行驶的另一摩托车相撞，造成甘某受伤。事故发生后，肇事司机弃车逃逸。原告甘某将该车登记车主李某告上法院。经法院查明，2011 年 10 月，被告李某因与何某关系好，便把自己身份证借给何某购买了一辆摩托车即本案肇事车辆，该车以李某名义上户，并参投机动车强制险。

【法官说法】

审理本案的法官陈思思认为，《中华人民共和国侵权责任法》第 49 条规定："因租赁、借用等情形机动车所有人与使用人不是同一人时，发生交通事故后属于该机动车一方责任的，由保险公司在机动车强制保险责任限额范围内予以赔偿。不足部分，由机动车使用人承担赔偿责任；机动车所有人对损害的发生有过错的，承担相应的赔偿责任。"①据此，李某虽然不是摩托车使用人，但是

---

① 《中华人民共和国侵权责任法》现已废止，相关内容归入 2021 年 1 月 1 日起施行的《中华人民共和国民法典》。《中华人民共和国民法典》第 1209 条规定："因租赁、借用等情形机动车所有人、管理人与使用人不是同一人时，发生交通事故造成损害，属于该机动车一方责任的，由机动车使用人承担赔偿责任；机动车所有人、管理人对损害的发生有过错的，承担相应的赔偿责任。"

李某将身份证借给他人购买摩托车,作为法定车主,对车辆的合法运行应当具有管理责任,故依法判决李某承担一定过错责任。

【温馨提示】

个人的相关证件需妥善保管,不要随意外借他人,避免不必要的麻烦。

(本文原载于 2014 年 6 月 16 日《湖南日报》)

13　核定载客 19 人塞了 36 个学生，司机构成危险驾驶罪

何淼玲　李智勇　倪志龙

【判决结果】

胡某受经济利益驱使而罔顾学生生命安全，在未办理校车有关手续的情况下提供校车服务，且严重超员。经桃源县人民检察院提起公诉，法院以危险驾驶罪判处被告人胡某拘役 1 个月，并处罚金 5000 元。

【案情回放】

2014 年以来，胡某便长期驾驶中型客车接送桃源县某中心学校学生，由学生家长按学期私下付给胡某车费。2016 年 1 月 15 日 12 时许，胡某驾驶中型客车搭载学生放学回家，行驶至桃源县芦花潭乡杏花村路段时被巡逻交警当场查获。经查发现，该车核定载客 19 人，实际搭载 38 人，包括 36 名中学生，载客超过额定乘员 100%，且胡某未办理校车相关手续，属非法运输。

【检察官说法】

办理本案的检察官倪志龙认为，根据 2015 年 11 月 1 日起正式施行的《中华人民共和国刑法修正案（九）》，在道路上驾驶机动车从事校车业务或者旅客运输，严重超过额定乘员载客，或者严重超过规定时速行驶以及违反危险化学品安全管理规定运输危险化学品危及公共安全的行为，将被处以危险驾驶罪①，接受刑法处罚。

【温馨提示】

校车安全问题不容忽视。驾驶员应当遵守法律，规范驾驶行为，如果逾越法律红线，必将受到法律惩处。

(本文原载于 2016 年 11 月 24 日《湖南日报》)

---

① 《中华人民共和国刑法》第 133 条之一："在道路上驾驶机动车，有下列情形之一的，处拘役，并处罚金：……(三)从事校车业务或者旅客运输，严重超过额定乘员载客，或者严重超过规定时速行驶的。"

14　吸毒驾驶酿车祸，赔了钱财又获刑

何淼玲　郭秀峰

【判决结果】

由醴陵市人民检察院提起公诉的被告人李某，因犯以危险方法危害公共安全罪被该市人民法院一审判处有期徒刑 3 年，缓刑 4 年。

【案情回放】

2015 年 11 月 15 日 16 时许，李某先后两次在自己驾驶的一辆小车中吸食毒品 K 粉。当日 16 时 50 分许，他驾驶小车行至人流、车流密集的醴陵市国瓷南路火车站路段时，因吸食毒品产生幻觉，驾驶小车失控，先后将一辆公交车、一辆出租车和一辆大客车撞坏，后李某又迅速倒车将他人停放在该路段某大药房旁边的 5 辆摩托车撞坏，并将该药房的门前玻璃撞烂，后被醴陵市公安民警控制并带回调查。经检测，李某尿检呈阳性。案发后，他向本案受害人赔偿了损失，得到了对方谅解。

【检察官说法】

办理本案的检察官刘霞认为，《中华人民共和国刑法》第 114 条规定：放火、决水、爆炸及投放毒害性、放射性、传染病等物质或者以其他危险方法危害公共安全，尚未造成严重后果的，处 3 年以上 10 年以下有期徒刑。李某在吸食 K 粉后驾驶汽车在人流、车流密集的公路路段造成多辆机动车辆受损等财产损失，李某的行为已经构成"以其他危险方法危害公共安全罪"。案发后，鉴于李某能够如实供述罪行，赔偿了被害人损失并且得到对方谅解，依法可以从轻处罚，遂作出上述判决。

【温馨提示】

珍爱生命，远离毒品。驾驶员在吸食毒品后开车极容易出现妄想、幻觉等，从而导致意外发生。在某种程度上，毒驾的危害不亚于酒驾，甚至更严重。

（本文原载于 2016 年 6 月 13 日《湖南日报》）

15　不满酒驾者超车，"路怒族"敲诈勒索

何淼玲　禹爱民　黎铁梅

【判决结果】

资兴市人民法院审理了一起敲诈勒索案，文某等 5 名被告人因被超车一时动怒而付出了沉重代价，他们分别被判处拘役 4 个月，缓刑 6 个月，并各处罚金人民币 5000 元。

【案情回放】

2015 年 2 月 8 日，黄某驾驶面包车载着庆某行驶在资兴市资五公路上，在超越文某驾驶的白色本田越野车时，致使文某紧急刹车，文某科、文某雄、方某锋、谢某彬等同车被告人都很气愤。文某立即驾车追赶，很快追到了黄某所驾驶的面包车。5 人下车后与黄某、庆某理论，因言语不和，文某雄、谢某彬用拳头将黄某打伤。殴打过程中，文某等人发现对方系酒后驾车，便声称要打电话报交警处理。黄某闻言便提出愿意拿人民币 5000 元钱"私了"，文某等人才同意不报警。拿到钱后，文某等人离开了。黄某当即拨打 110 报警电话。

【法官说法】

审理本案的法官朱建新认为，文某等 5 名被告人以非法占有为目的，采用威胁的手段强行索要他人财物，数额较大，文某等 5 人的行为均已经构成敲诈勒索罪。[①] 鉴于他们退赔了被害人的经济损失，且均取得了被害人谅解，依法可从轻处罚，遂作出如上判决。

【温馨提示】

随着私家车增多，因驾车引发的情绪冲突也越来越多。本案中，5 名被告人因被他人超车而动怒，并进而敲诈勒索对方，触犯了法律，害人终害己。与此同时，受害人酒后驾车也是极其危险的行为，应当引以为戒。

（本文原载于 2015 年 5 月 25 日《湖南日报》）

---

① 《中华人民共和国刑法》第 274 条规定："敲诈勒索公私财物，数额较大或者多次敲诈勒索的，处三年以下有期徒刑、拘役或者管制，并处或者单处罚金。"

16 超载强行冲关，司机被判拘役

何淼玲　王　鹏　周再明

【判决结果】

明知车辆严重超载，桃江县24岁的货车司机蒋某不但不停车配合执法人员检查，反而加大油门连续4次强行冲关。经桃江县人民检察院提起公诉，法院以妨害公务罪判处蒋某拘役2个月。

【案情回放】

2015年10月14日凌晨3时许，蒋某从益阳市运送砂卵石回松木塘镇，途经益阳市谢林港治超站时，发现有执法人员在检查过往车辆。因怕超载罚款，蒋某加大油门强行冲关。执法人员立即追赶，并联络前方桃江县治超办设法拦截。接到通知后，桃江县治超办执法人员在桃花江大道与桃灰线交会处设置检查关卡拦截。蒋某行经该处，又加大油门冲过关卡，往安化方向逃窜。随后，蒋某不顾执法人员的人身安全，又两次强行冲关，后被执法人员逼停。经过地磅测量，蒋某驾驶的货车核定荷载为40吨，实际荷载73.9吨，超载33.9吨。

【检察官说法】

办理本案的检察官龙益才认为，蒋某驾驶超载货车多次强行冲关，以暴力方法阻碍国家机关工作人员依法执行公务，蒋某的行为已经构成妨害公务罪。①案发后，鉴于蒋某能如实供述自己的罪行，并且具有悔罪表现，依法可以从轻处罚，遂作出上述判决。

【温馨提示】

车辆超载一吨，危险增加十分。安全才是最大的效益和离家最近的距离。遵守交通规则，是不可逾越的法律底线，也是对自己、家人和他人应尽的最基本责任。

（本文原载于2016年3月29日《湖南日报》）

---

① 《中华人民共和国刑法》第277条规定："以暴力、威胁方法阻碍国家机关工作人员依法执行职务的，构成妨害公务罪，处三年以下有期徒刑、拘役、管制或者罚金。"

17 车祸致"队友"死亡，自驾游成员均担责

何淼玲 曾 妍 傅爱军

【判决结果】

3 人相约外出游玩，驾车途中发生交通事故致其中一人死亡。益阳市中级人民法院二审认定车辆驾驶人及事故发生时车上乘坐的其余两人分别承担 70%、15%、15% 的赔偿责任。

【案情回放】

2012 年 7 月 17 日，黄某驾驶一辆小型普通客车沿 S229 线由南向北行驶，行至古丈县境内栖凤隧道北端时，与王某驾驶的大型客车发生侧面相撞，造成两车受损、小型普通客车上乘车人张某死亡、黄某受伤的重大交通事故。交警部门认定黄某负事故全部责任。

原来，黄某与李某系同学关系。黄某驾驶的小型普通客车登记所有人系李某。张某生前也曾与李某一起做过二手车生意。张某此行随李某到吉首看二手车，两人从常德接了黄某一起去吉首。在吉首办完事后，3 人一同去张家界玩。事故发生前，本由张某驾车，黄某嫌他开得慢，要求自己驾车，结果因车速过快发生事故。

【法官说法】

审理本案的法官蒋远军认为，黄某等 3 人相约出行，此为松散但是有一定组织和计划的自驾游。自驾游成员间虽然无明确权利义务关系的约定，但是自驾游的成行系所有参与人员形成合意的结果。因此，自驾游过程中发生交通事故应当由自驾游团体成员中具有民事行为能力的人共同承担。黄某驾车时，在容易发生危险的路段未及时降速，导致事故发生。张某与李某未对黄某违规驾驶行为进行警示和提醒，根据公平原则，应当对此次事故造成的共计 65 万元的损害后果承担相应的责任，即由黄某承担损失 70% 的赔偿责任，李某、张某各

承担 15%的赔偿责任。①

【温馨提示】

自驾游已经成为一种受欢迎的旅游方式。"驴友"出行,安全第一。

(本文原载于 2015 年 3 月 19 日《湖南日报》)

---

① 《中华人民共和国民法典》第 6 条规定:"民事主体从事民事活动,应当遵循公平原则,合理确定各方的权利和义务。"

18 车辆溅起沙石伤人眼，车主负全责赔偿22万

何淼玲　胡四清　邓　葵　舒丽莉

【判决结果】

日常生活中，人们认为开车没有直接撞到人就无须承担损害赔偿责任，这个认识是错误的。华容县人民法院审结一起因机动车车轮碾压硬物伤到行人眼睛的交通事故责任纠纷案，判令车主刘某和他投保的保险公司共同赔偿受害人易某各项经济损失22万余元。

【案情回放】

2014年9月7日11时许，华容县万庾镇刘某驾驶一辆小汽车进入华容县城关镇一桥东路金属回收公司院内时，在刘某的车前方行走的易某被车辆挤压物飞溅击伤眼睛后倒地，后被送医院治疗。事故发生时，事发路面为水泥路面，路边堆放有大量沙石。住院期间，易某右眼被摘除。经鉴定，易某右眼外伤性穿透系被路过的机动车辆碾压地面的坚硬物体(如碎石类)所致，属重伤二级，七级伤残。交通管理部门认定：此事故属交通意外。刘某的小汽车在保险公司投保了机动车交通事故责任强制保险和第三者责任保险。

【法官说法】

审理本案的法官邓葵认为，易某右眼损伤系刘某驾驶的小汽车碾压地面硬物飞溅所致，作为行人的易某对事故的发生没有过错。根据《中华人民共和国道路交通安全法》第76条第1款第2项"机动车与非机动车、行人发生交通事故，非机动车驾驶人、行人没有过错的，由机动车一方承担赔偿责任"之规定，判令刘某和刘某投保的保险公司共同赔偿易某经济损失22万余元。

【温馨提示】

机动车驾驶人应当时刻注意行车安全，礼让行人，尤其是经过复杂路面时要采取必要的防范措施和相应的有效避让措施。

(本文原载于2015年9月15日《湖南日报》)

19 乘客开门撞伤人，为何司机也要赔？

何淼玲　曾　妍　高喜朝

【判决结果】

车辆停靠时，乘客开门撞伤两人，司机因未尽到提醒与制止义务被判担责。湘潭县人民法院判处车辆投保公司在交强险与商业第三者责任险范围内赔偿受害人田某各项损失19万余元，赔偿受害人黄某各项损失8000余元；剩余不足部分共计1400元由司机李某承担。

【案情回放】

2014年1月30日上午，湘潭县居民李某驾驶小轿车在湘潭县河口镇板桥村地段停车等候时，车上乘坐人员打开车门，与同向行驶的由田某驾驶的普通二轮摩托车相撞，造成田某及乘坐人员黄某受伤的交通事故。小轿车和摩托车均有损伤。湘潭县公安局交通警察大队对事故责任作出认定：司机李某负本次事故全部责任，田某与黄某无责任。田某住院195天，用去医疗费8万多元，经鉴定构成九级伤残。黄某住院17天，用去6000多元，经鉴定不构成伤残。他们将司机李某及车辆投保公司诉至法院。

【法官说法】

审理本案的法官陈顺球认为，根据《中华人民共和国道路交通安全法》第76条规定：机动车发生交通事故造成人身伤亡、财产损失的，由保险公司在机动车第三者责任强制保险（简称交强险）责任限额范围内予以赔偿。超过责任限额的部分，机动车之间发生交通事故的，由有过错的一方承担责任。李某作为车辆驾驶员，对所驾驶车辆负有管理义务，对车上人员的不当行为应当阻止，车辆上的人员违反交通安全管理法规造成他人的损失应当由李某承担。

【温馨提示】

驾驶人员作为车辆管理人员，在遵守相关道路交通安全法规的同时，应当将必要的乘车安全知识告知乘坐人员，并对乘坐人员的不当行为及时制止。广大司机及乘坐人员在上下车时，应当注意后方来车与行人，避免造成交通事故。

（本文原载于2015年2月13日《湖南日报》）

20　"隔夜醉驾"被抓，饮酒后超过20小时再开车较稳妥

何淼玲　陈祁陵

【判决结果】

开车不喝酒，喝酒不开车。这已经成为人们共识。但是曹某没有想到，自己头一天晚餐喝酒，第二天上午开车仍然被查出醉驾。江永县人民法院以危险驾驶罪判处曹某拘役6个月，缓刑8个月，并处罚金4000元。据悉，这是该院审结的首例"隔夜醉驾"案。

【案情回放】

2016年2月19日晚，曹某在家饮用52度的白酒约6~8两。次日上午8时许，他驾驶小轿车外出办事，因操作不当，车辆驶出有效路面，撞到道路右侧的树木。车辆受损后，曹某继续驾车前行。经群众报警，民警赶往现场将曹某及其驾驶的车辆查获。经检测，曹某的血液酒精含量为329.61 mg/100 mL，属醉酒驾驶。

【法官说法】

审理本案的法官义宏认为，曹某醉酒后在道路上驾驶机动车，曹某的行为危害了公共安全，已经构成危险驾驶罪。[①] 根据曹某的犯罪情节、悔罪表现，对曹某适用缓刑没有再犯罪的危险，并且对曹某所居住的社区没有重大不良影响，法院遂作出上述判决。

【温馨提示】

判断酒驾、醉驾并不是以酒歇时间长短、驾驶人的酒量和驾车时的意识状态为标准，而是有硬性的数字指标，即血液中的酒精含量。酒后究竟需要多长

---

① 《中华人民共和国刑法》第133条之一规定："在道路上驾驶机动车，有下列情形之一的，处拘役，并处罚金：……(二)醉酒驾驶机动车的。"

时间才适宜开车呢？医学专家指出，酒精在人体中消散时间一般为 10~20 小时，24 小时后则会达到正常，但是由于个体在年龄、体质、解酒能力等方面存在差异，不同的人需要的时间又不一样。因此，饮酒后超过 20 个小时再开车比较稳妥。

（本文原载于 2016 年 8 月 9 日《湖南日报》）

21 妻子指挥丈夫倒车被撞，保险公司照样要赔

何淼玲　王必杰

【判决结果】

2005 年 4 月 14 日，翟某驾驶东风牌大货车在长沙市开福区芙蓉北路由北往南行驶至波隆立交桥匝道后，发现走错车道，同车的妻子马某下车，在货车后指挥丈夫倒车。倒车过程中，货车尾部将马某撞伤，造成左锁骨粉碎性骨折，经鉴定构成十级伤残，花去医药费等 4 万余元。马某多方奔走，得不到赔偿后，遂将中国人民财产保险股份有限公司长沙市分公司告上法庭，要求保险公司赔偿医疗费等经济损失。

长沙市开福区人民法院于 2006 年 11 月判决被告赔偿马某医疗费、误工费、护理费、残疾赔偿金、精神损害抚慰金等共计 49040 元。被告不服上诉。长沙市中级人民法院判决维持原判。

【案情回放】

开福区人民法院审理查明：翟某违反道路交通安全法实施条例，对事故发生应负全部责任。马某无交通违法行为，不负事故责任。根据《中华人民共和国道路交通安全法》第 76 条规定，机动车发生交通事故造成人身伤亡、财产损失的，由保险公司在机动车第三者责任强制保险责任限额范围内予以赔偿。翟某驾驶的货车已经购买了第三者责任险，故被告应当直接承担赔偿责任，在保险责任限额内负责赔偿。

被告辩称，根据保险合同中《中国人民财产保险股份有限公司机动车辆第三者责任保险条款》中的"责任免除"第 6 条第 2 款规定："保险车辆造成本车驾驶员及其家庭成员的人身伤亡，所有或代管的财产损失，不论在法律上是否应当由被保险人承担赔款责任，保险人均不负责赔偿"。因此，马某被其丈夫倒车撞伤属于上述"责任免除"条款中规定的情形，故被告不应当承担赔偿责任，请求法院驳回马某的诉讼请求。

【法官说法】

审理本案的李法官认为，被告订立责任免除条款是为了避免保险欺诈行为

的发生,本案原告马某系指挥丈夫倒车时不慎被撞伤,并且被告未向法院提交证据证明原告的受伤是原告与其丈夫故意制造的保险事故,故法院对被告的辩诉理由不予采信,依法作出上述判决。

【温馨提示】

安全无小事,时刻记心头。

(本文原载于 2007 年 6 月 19 日《湖南日报》)

22　交通事故责任未认定，赔偿协议切勿盲目自行签

何淼玲　曾　妍　侯仙婷

【判决结果】

安乡县人民法院对一起原告与被告因重大误解签订协议的案件作出一审判决，撤销该赔偿协议。

【案情回放】

2014年5月21日，在安乡县深柳镇文艺路与下东门街交叉路口下坡时，于某骑着一辆制动失效的自行车与彭某驾驶的客运车相撞，于某受伤，被送往安乡县人民医院治疗。由于彭某未及时补缴医疗费，于某家属将于某抬至彭某家中，逼迫彭某赔偿。几天后，于某家属草拟赔偿协议书，与彭某签订了《道路交通事故损害赔偿协议书》，约定彭某赔偿于某29万元（不含已经支付的医疗费），彭某签协议时给付10万元，余款19万元约定于2014年12月31日前付清。当天，彭某给付于某赔偿款10万元。2014年6月16日，安乡县公安局交通警察大队作出事故认定书，认定于某负主要责任，彭某负次要责任。2014年6月24日，于某经治疗无效死亡。彭某误认为自己在该起交通事故中应该承担主要责任，因而与于某家属签订赔偿协议时存在重大误解，导致签订的赔偿协议显失公平，违背了其真实意思，于是向法院起诉，要求撤销赔偿协议。

【法官说法】

审理本案的法官吴炳红认为，原、被告双方就事故达成了赔偿协议，原告也按协议履行了部分给付义务，但是原告因缺乏专业的法律知识，在交警部门未作出交通事故责任认定前，自认为在交通事故中应当承担主要责任，在此情形下达成调解协议，原告存在重大误解，明显有失公平。《中华人民共和国合同法》第54条规定，订立合同时，因重大误解订立的或者在订立合同时显失公

平的，当事人一方有权请求人民法院变更或者撤销。① 遂判决撤销原告与被告签订的这个赔偿协议。

【温馨提示】

交通事故发生后，应当等交警部门作出事故认定书，划分各方当事人的主次责任后，当事人再签订赔偿协议。切不可盲目自行签订，以免发生此类纠纷。

（本文原载于 2015 年 2 月 27 日《湖南日报》）

---

① 《中华人民共和国合同法》现已废止，相关内容归入 2021 年 1 月 1 日起施行的《中华人民共和国民法典》。《中华人民共和国民法典》第 147 条规定："基于重大误解实施的民事法律行为，行为人有权请求人民法院或者仲裁机构予以撤销。"

23 农村户口大学生遇车祸身亡，法院按城镇居民标准判赔

何淼玲　曾　妍　李小平

【判决结果】

农村户口的在校大学生发生交通事故，能否按照城市居民赔偿标准计算？临武县人民法院判决货车车辆投保公司在交强险责任范围内赔偿受害人谭某父母各项损失 11 万元，货车驾驶人夏某赔偿受害人谭某父母 19 万余元。

【案情回放】

2014 年 6 月 27 日，娄底职业技术学院学生谭某未取得机动车驾驶证、未带安全头盔，驾驶未注册登记的普通二轮摩托车行至临武县花塘乡敬老院路段时，跨越道路中心虚黄线行驶，与对向夏某超速驾驶的重型货车相撞，谭某当场死亡。临武县公安局交通警察大队对事故作出认定，谭某与夏某负事故同等责任。谭某父母将夏某及货车投保的公司诉至法院。

庭审中，夏某认为，对谭某的赔偿标准应当适用农村标准而不是城镇标准，因为谭某是农村户口。

【法官说法】

审理本案的法官文拥军说，最高人民法院《关于审理人身损害赔偿案件适用法律若干问题的解释》第 30 条规定：死亡赔偿金可以按照其住所地或者经常居住地的相关标准计算。《最高人民法院民一庭关于经常居住地在城镇的农村居民因交通事故伤亡如何计算赔偿费用的复函》指出：人身损害赔偿案件中，死亡赔偿金应当根据案件的实际情况，结合受害人住所地、经常居住地等因素，确定适用城镇居民人均可支配收入或者农村居民人均纯收入的标准。本案中，谭某虽然是在校大学生，系农村户口，但是他已经稳定地在城市学习生活，谭某的主要生活、消费均已经发生在城市，故对谭某的死亡赔偿金应当参照城镇居民标准计算。

【温馨提示】

交通事故赔偿应当按照受害人的实际居住情况来确定赔偿标准,而不是简单地按照户籍性质确定。也希望广大机动车驾驶者遵规守法,莫拿自己和他人生命当儿戏。

(本文原载于 2015 年 3 月 2 日《湖南日报》)

第四部分

新冠肺炎、医疗整形、
食品安全、环境保护类

01 湖南首例涉"新冠"诈骗案宣判，"暖心"原来包藏"祸心"

何淼玲　何金燕　颜石敦　朱锋云

【判决结果】

2020年2月20日，湖南省首例新冠肺炎疫情防控期间虚假销售口罩诈骗案在郴州市北湖区人民法院一审开庭审理，当庭依法判处欧阳某有期徒刑4年6个月，并处罚金1万元。

【案情回放】

"现有用于疫情防控的N95口罩、防护服、护目镜出售。"1月25日，一个网名叫"暖心"的用户在抖音App上发布卖货信息。

当天上午，郴州市民曹先生刷到这条信息后，留言询问"是否有卖N95口罩，能不能发货到武汉，我想捐一批口罩到武汉"。

看到求购信息后，"暖心"立即和曹先生私聊并添加微信。随后，曹先生通过微信向"暖心"转账3万余元，用于购买一批口罩和防护服。但是直到1月30日，曹先生仍然没看到"暖心"发货。不断追问下，对方承认诈骗事实，曹先生立即报案。

2月1日，北湖区公安分局对此立案侦查。2日，办案民警在江西将犯罪嫌疑人抓捕归案。这个网名叫"暖心"的假卖家真名叫欧阳某，是江西赣州一名23岁的男子。

2月10日，北湖区人民检察院依法批准逮捕欧阳某。2月20日，北湖区人民法院开庭审理此案，并当庭宣判。

【法官说法】

审理本案的法官认为，在新冠肺炎疫情防控期间，被告人欧阳某利用民众急购口罩、防护服等防护用品的心理，明知自己无货源且无能力销售口罩，仍然在抖音上多次私自发虚假出售信息。被告人以非法占有为目的，骗取他人财物,数额巨大,欧阳某的行为已经构成诈骗罪。① 在预防、控制突发传染病疫情防控期间,假借销售疫情防控物品的名义实施诈骗,应当依法从重惩处。

【温馨提示】

偷鸡不成蚀把米,借疫情发财实不该。这名网名叫"暖心"的江西男子原来包藏的是"祸心"。

(本文原载于 2020 年 2 月 22 日《湖南日报》)

---

① 《中华人民共和国刑法》第 266 条规定:"诈骗公私财物,数额较大的,处三年以下有期徒刑、拘役或者管制,并处或者单处罚金;数额巨大或有其他严重情节的,处三年以上十年以下有期徒刑,并处罚金;数额特别巨大或者有其他特别严重情节的,处十年以上有期徒刑或者无期徒刑,并处罚金或者没收财产。"

02 隐瞒行踪致 2 人感染新冠肺炎，临湘男子获刑 6 个月

何淼玲 孙百灵 方 芳

【判决结果】

2020 年 9 月，临湘市人民法院审结一起违反传染病防治法规定的案件，被告人余某因犯妨害传染病防治罪，被判处有期徒刑 6 个月。

【案情回放】

2020 年 1 月 19 日，余某乘火车从武汉回到临湘市。隔日，他乘坐公共汽车到达岳阳市汽车站后，再次乘坐公共汽车前往湘阴见朋友。直至 1 月 23 日，余某乘坐公共汽车回到临湘，并返回羊楼司镇自己家中。

2020 年 1 月 25 日，经羊楼司镇某村部摸排，余某有发烧迹象，遂被带至医院检查、隔离。1 月 27 日，余某被确诊为新型冠状病毒肺炎患者。临湘市疾控中心工作人员多次询问余某的行踪轨迹，但是他始终拒绝交代自己离开岳阳期间的行踪。1 月 28 日，公安机关介入，余某才交代了自己在湘阴的详细行踪轨迹。但是由于余某故意隐瞒，导致无法及时追踪余某直接或者间接接触的同车人员以及餐馆、宾馆工作人员等，具有引起新型冠状病毒肺炎传播的严重危险。2 月初，吴某、秦某先后被确诊。3 月 30 日，余某在隔离治疗后，面对公安机关的讯问，如实供述自己罪行。

【法官说法】

审理本案的法官认为，余某违反传染病防治法规定，拒绝执行卫生防疫机构依照传染病防治法提出的预防、控制措施，故意隐瞒自己的活动轨迹，具有引起新型冠状病毒肺炎传播的严重危险，余某的行为已经构成妨害传染病防治罪。[①] 余某自愿认罪认罚，具有坦白情节，依法可以从轻处罚。法院遂依法作出上述判决。法院委托临湘市司法局对余某是否适用社区矫正进行调查评估，司法局结合余某以往表现，加之此次罪行在当地影响较大，认为不适用社区

---

① 《中华人民共和国刑法》第 330 条规定，违反传染病防治法的规定，拒绝执行县级以上人民政府、疾病预防控制机构依照传染病防治法提出的预防、控制措施的，构成妨害传染病防治罪。

矫正。

【温馨提示】

防控新冠肺炎疫情，切断传染源很重要。余某隐瞒从武汉回来后的轨迹，让卫生防疫部门不能及时追踪到直接接触者和间接接触者，并导致传染病例发生。余某获刑，罪有应得。

（本文原载于 2020 年 9 月 11 日湖南法院网）

03　新冠肺炎疫情期间销售假口罩，3人发昧心财受审

何淼玲　刘泽佳　刘　倩

【判决结果】

2020年12月10日，湘潭市岳塘区人民法院审理一起销售假口罩刑事附带民事公益诉讼案件。被告人周某、欧阳某某及路某等3人因销售假口罩受到法律审判。

【案情回放】

检察机关指控：2020年1月23日至2月初，周某在新冠肺炎疫情严重、市面上口罩大量缺货的情况下，从某网站上联系卖家，在卖家提供的3M授权书过期，甚至无任何口罩证明文件的情况下大量购买口罩，随即转卖给欧阳某某、路某等2人，从中赚取差价。据统计，欧阳某某、路某通过微信分3次从周某处购买假冒3M品牌口罩11000个。收到口罩后，欧阳某某、路某为牟取利益，明知口罩与3M公司正品不符，仍然销售给焦某、唐某等人。焦某与唐某拿货后，将口罩再次进行销售，卖给经营药店的张某等人。

从欧阳某某等人处查获的3M口罩经检测不合格。经鉴定，这批3M口罩并非3M公司生产，系假冒产品。周某销售假冒3M口罩金额为77750元，欧阳某某、路某销售假冒口罩金额为69635元。鉴于案情复杂，法院将择日宣判。

【法官说法】

审理本案的法官认为，面对新冠肺炎疫情，市民应万众一心、共克时艰。欧阳某某等人趁疫情销售假口罩牟利，扰乱了正常的市场经营秩序，让购买假口罩的不知情群众达不到防护效果，不仅给自身带来安全隐患，同时也危害了公共卫生安全，损害了社会公共利益，有可能让许多为防疫付出的努力付之东流。①

---

① 《中华人民共和国刑法》第145条："生产不符合保障人体健康的国家标准、行业标准的医疗器械、医用卫生材料，或者销售明知是不符合保障人体健康的国家标准、行业标准的医疗器械、医用卫生材料，足以严重危害人体健康的，构成生产、销售不符合标准的医用器材罪。"

【温馨提示】

疫情防控，人人有责。每位市民朋友都应该对法律多一份敬畏，对他人多一份责任。每个人都遵守规则，社会就多一分安全。

（本文原载于 2020 年 12 月 11 日湖南法院网）

04 暴力妨害新冠肺炎防控，岳阳男子领刑

何淼玲 李 莹

【判决结果】

2020 年 3 月 25 日，岳阳县人民法院开庭审理一起涉新冠肺炎疫情妨害公务案，当庭以妨害公务罪判处被告人蒋某有期徒刑 10 个月。

【案情回放】

法院经审理查明，2020 年 2 月 18 日，正值新冠肺炎疫情流行期间，岳阳县某村村支部书记陈某接到举报，有几个外县人员在该村村民张某家聚餐。陈某与驻村辅警范某来到张某家，发现有五六人正在聚餐。陈某当即劝说到，疫情期间不要聚会。正当陈某和张某交谈时，坐在一旁的蒋某突然站起身来，隔着桌子抓住陈某衣服领口，挥拳打了陈某左额，并试图绕过桌子继续追打陈某。范某见状上前抓住蒋某，蒋某挣开后一拳打在范某肩部，将其佩戴的执法记录仪打落在地。范某准备捡起执法记录仪时，蒋某趁机扇了他一巴掌。见状，陈某和范某退到屋外，蒋某追出去踢了陈某肚子一脚。范某打电话给派出所民警，民警到场后准备依法传唤蒋某及现场有关人员，遭到阻拦。增援民警赶到，但是蒋某却已经趁机溜之大吉。后主动向公安机关投案自首。经鉴定，陈某和范某受轻微伤。

【法官说法】

审理本案的法官认为，蒋某在新冠肺炎疫情期间采取暴力手段阻碍公务人员执行疫情防控工作，致二人轻微伤，蒋某的行为已经触犯刑法，构成了妨害公务罪，应当依法予以惩处。蒋某暴力袭击正在依法执行公务的人员，依法应从重处罚。鉴于蒋某主动向公安机关投案，如实供述犯罪事实，系自首，依法可以从轻处罚。蒋某赔偿了被害人的经济损失，取得被害人的谅解，可以酌情从轻处罚。蒋某认罪认罚，依法可从宽处理。遂依法作出上述判决。

【温馨提示】

每一个公民都有配合公务人员依法进行执法的义务，疫情期间尤其如此。以暴力、威胁方法拒绝配合，是在以身试法，必须依法惩处。

（本文原载于 2020 年 3 月 25 日湖南法院网）

05 　医疗过失致患者成植物人，医院赔了341万

何淼玲　陈格卫　李靖靖

【判决结果】

常德市市民杨某因发烧、咳嗽，到该市某医院进行治疗，在治疗过程中，医方存在一定的医疗过失行为，致使杨某病情加重最终成为植物人。常德市武陵区人民法院一审开庭，判决由该医院赔偿杨某医疗费、护理费、残疾赔偿金、精神损害抚慰金等共计341.19万元。

【案情回放】

2012年5月12日，杨某因发烧、咳嗽到常德市某医院就诊，经治疗后病情无好转。5月16日，转该院内三科住院继续治疗，病情依然无好转，反而愈加严重。5月28日，杨某转至中南大学湘雅医院住院治疗，诊断为"结核性脑膜炎"，并患有严重的脑功能障碍。杨某在常德市某医院住院共计花费医疗费用89万多元。杨某的父母诉至法院，认为常德市某医院造成杨某被严重误诊、误治，延误了有效诊治时间，要求医院赔偿各项损失396.33万元。

【法官说法】

审理本案的法官王秀峰认为，杨某处于植物生存状态的损害后果，虽然与杨某自身疾病的发展密切相关，但是与常德市某医院的诊疗过错亦存在重要因果关系，参与度被湖南省人民医院司法鉴定中心评为60%至80%，该医院的医疗过错行为，造成杨某人身损害，应当赔偿杨某的经济损失。依照《中华人民共和国侵权责任法》第57条"医务人员在诊疗活动中未尽到与当时的医疗水平相应的诊疗义务，造成患者损害的，医疗机构应当承担赔偿责任"之规定①，法

---

① 《中华人民共和国侵权责任法》现已废止，相关内容归入2021年1月1日起施行的《中华人民共和国民法典》。《中华人民共和国民法典》第1221条规定："医务人员在诊疗活动中未尽到与当时的医疗水平相应的诊疗义务，造成患者损害的，医疗机构应当承担赔偿责任。"

院遂作出如上判决。

【温馨提示】

患者健康,事关重大,医院马虎不得。

(本文原载于 2014 年 3 月 31 日《湖南日报》)

06 漏诊恶性肿瘤，医院被判赔款

何淼玲 贺力平

【判决结果】

雷某经常在邵阳某医院治病，对医院的医术很信赖。后雷某腹痛，又来医院住院治疗，病情却不见好转。转院至长沙检查出患有恶性肿瘤，不治身亡。雷某亲属以初诊医院未做全面细致的检查及会诊、存在过失为由起诉索赔。邵阳市双清区人民法院一审判令被告医院赔偿原告因原告近亲属死亡所发生的死亡赔偿金、丧葬费等共计85000元。

【案情回放】

2011年8月至2013年4月，雷某因反复腹痛、腹胀、便血，多次到被告医院住院治疗，均被诊断为结肠多发性息肉、慢性结肠炎，并行镜下息肉切除术，但是病情未见明显好转。雷某遂于2013年4月中旬出院，到湘雅二医院和湖南省第二人民医院住院治疗，被诊断为胰腺癌并肝、肺多发转移，后因病情危重于当年5月份死亡。

2014年1月，司法鉴定中心作出的鉴定意见认为，雷某在邵阳某医院检查时，影像学肝脏明显肿大，肝内多发病灶，右下肺小结节影、腹水等，均可以提示雷某就诊时实际上已经属恶性肿瘤晚期。但是医院对雷某的病史了解不全面、不细致，存在疏忽大意，诊断考虑局限、片面，导致对雷某所患恶性肿瘤这一重大疾病漏诊，医院存在医疗过失行为。雷某家属要求邵阳某医院赔偿各项损失30余万元。

【法官说法】

审理本案的法官殷飞龙认为，邵阳某医院在对雷某的诊疗过程中，检查不全面、不细致，诊疗过程存在医疗过失行为，医院医务人员在诊疗活动中未尽到与当时的医疗水平相应的诊疗义务，医院应当给予相应的赔偿。本案中被告的过失行为对雷某的治疗方案产生一定的影响，依照《中华人民共和国侵权责任法》第57条"医务人员在诊疗活动中未尽到与当时的医疗水平相应的诊疗义务,造成患者损害的,医疗机构应当承担赔偿责任"之规定,法院作出前述判决。

【温馨提示】

医院的医疗水平和服务责任心事关病人生死,应该全面、谨慎、细致地为病人服务,千万不能马虎。

(本文原载于 2014 年 6 月 18 日《湖南日报》)4

07 护士违规出售安定注射液，构成贩卖毒品罪

何淼玲 贺力平

【判决结果】

邵阳市双清区人民法院以贩卖毒品罪判处某医院护士李某管制 2 年，并处罚金 10000 元。

【案情回放】

李某出生于 1961 年，系邵阳市某医院护士。早几年，她患了糖尿病和脂肪肝，加上父母身体多病，很快花光了积蓄，欠债 10 多万元。为了赚钱，她在一家个体诊所兼职。2012 年初，吸毒人员王某(已死亡)到李某兼职的诊所看病，和李某混熟了。王某没有钱购买毒品时，就向李某借钱，共借了 280 元。3 月初一天，王某把一个黑塑料袋交给李某，李某打开一看，里面装有 30 盒地西泮(安定)注射液，每盒 10 支，每支 2 毫升。王某说，用这些药品来冲抵所欠李某的 280 元。李某明知地西泮是国家管制的精神药品，但是她怕王某所借的钱很难要回，就收下了。

3 月底一天，李某以 90 元每盒的价格将三盒地西泮卖给一名女吸毒人员。5 月 14 日和 15 日，李某以每支 5 元的价格向吸毒人员谢某、唐某贩卖地西泮 5 支，并在家中让他们用自己提供的注射器注射。2012 年 5 月 15 日，经群众举报，李某案发。

【法官说法】

审理本案的法官刘文认为，《中华人民共和国刑法》第 355 条规定：依法从事生产、运输、管理、使用国家管制的麻醉药品、精神药品的人员，违反国家规定，向吸食、注射毒品的人提供国家规定管制的能够使人形成瘾癖的麻醉药品、精神药品的，处三年以下有期徒刑或者拘役，并处罚金；情节严重的，处三年以上七年以下有期徒刑，并处罚金。李某给吸食、注射毒品的人员提供国家规定管制的能够使人形成瘾癖的麻醉药品、精神药品地西泮注射液，李某的行为已经构成贩卖毒品罪。鉴于她悔罪态度好，所提供的地西泮注射液数量较小，且身患多种疾病，依法从轻作出前述判决。

【温馨提示】

身患多种疾病，欠下巨额债务，本已不幸。李某固然值得同情，但是她违规出售国家规定管制的精神药品，触犯刑律，法不容情。

（本文原载于 2013 年 2 月 1 日《湖南日报》）

08　病人摔倒，医院未及时确诊被判担责

何淼玲　胡四清　谭　洁

【判决结果】

华容县人民法院一审审结一起因病人住院期间摔倒，医院未及时确诊致该病人偏瘫的医疗损害责任纠纷案，病人黄某所住的医院赔偿其医疗费等各项费用 5 万余元。

【案情回放】

2012 年 7 月 22 日，家住华容县东山镇红烈村的黄某，因血吸虫病到华容县血防医院住院治疗。7 月 24 日，黄某下床活动时在医院传达室门口突感头晕，下蹲时不慎摔倒，后回病床休息，医生对黄某进行体检，未见黄某头皮损伤和神志障碍等神经系统表现。第二天，黄某出现意识障碍，至另一医院 CT 检查显示：脑组织挫裂伤并脑内多发血肿。随即，黄某转入岳阳市人民医院，急行开颅术治疗。后经司法鉴定，黄某肢体左侧偏瘫，伤情为二级伤残。经医疗事故鉴定，华容县血防医院未能及时诊断黄某损伤，以致延误了诊治，存在过失，该过失与患者黄某左侧偏瘫不良后果有一定关系，参与度约 20% 至 30%。黄某诉至法院要求华容县血防医院赔偿医疗费、误工费、生活补助费等各项损失共计 59 万余元。

【法官说法】

审理本案的法官谢冬冰认为，根据《中华人民共和国侵权责任法》第 54 条"患者在诊疗活动中受到损害，医疗机构及其医务人员有过错的，由医疗机构承担赔偿责任"的规定①，华容县血防医院因未能及时诊断黄某颅脑损伤，延误了诊治，应当承担一定的过错责任，医疗过失参与度酌情定为 30%。

【温馨提示】

人命关天，医院诊疗一定要细之又细。

（本文原载于 2013 年 12 月 23 日《湖南日报》）

---

① 《中华人民共和国侵权责任法》现已废止，相关内容归入 2021 年 1 月 1 日起施行的《中华人民共和国民法典》。《中华人民共和国民法典》第 1218 条规定："患者在诊疗活动中受到损害，医疗机构或者其医务人员有过错的，由医疗机构承担赔偿责任。"

09 美容变毁容，整形需慎重

何淼玲　贺力平

【判决结果】

杨某因小时候被开水烫伤留下伤疤，经济条件好转后去整容，不料不但没有达到美容效果，反而疤痕加深，美容变成了毁容。邵阳市双清区人民法院审理这起案件，一审判定邵阳某医院存在医疗过错，赔偿杨某鉴定费、后续治疗费等 19000 余元。

【案情回放】

2012 年 8 月，邵阳某医院医疗美容整形门诊部到邵阳市所辖县区进行宣传促销活动。杨某因童年开水烫伤导致耳朵后方留下伤疤，经咨询得知可以完全整好，不留疤痕。杨某遂于 8 月 20 日到医院交纳 9000 元整形费，第一次做手术没有成功。10 月中旬，又做了第二次手术，并切掉了左耳一部分软骨，使耳朵明显变形、塌陷。2014 年 5 月，院方又请一位专家为杨某再次做手术，经检查，发现杨某耳朵已无法修复。2015 年 4 月，湖南省湘雅司法鉴定中心作出司法鉴定，医院在杨某诊疗过程中，第二次手术时机把握不严，存在过错，该过错对杨某左耳整形术后瘢痕畸形加重有因果关系。杨某左耳后皮肤瘢痕尚不构成伤残，后期需行左耳部整形及瘢痕治疗，共约需医疗费用 3 万元。

【法官说法】

审理本案的法官张莉说，《中华人民共和国侵权责任法》第 54 条规定：患者在诊疗活动中受到损害，医疗机构及其医务人员有过错的，由医疗机构承担赔偿责任。遂判令医院承担责任，赔偿杨某鉴定费、后续治疗费等 19000 余元。

【温馨提示】

爱美之心，人皆有之。整形美容有风险，一定要慎重。

（本文原载于 2015 年 9 月 8 日《湖南日报》）

10 无证镶牙屡罚不改被刑拘

何淼玲 王 鹏 高 舒

【办案结果】

没有医师资格证，也无营业执照，56 岁男子肖某曾因非法行医镶牙两次被公安机关处以行政处罚。后来，他在家中再次为人镶牙时，被桃江县警方查获并依法予以刑事拘留。

【案情回放】

肖某系隆回县人，因女儿远嫁桃江县马迹塘镇，遂随女儿前往桃江生活。2011 年，他从广州市购进一套简易医疗设备后，在家中经营起一家名为"肖师傅祖传专科镶牙"的诊所。2017 年 4 月 17 日，收悉桃江县卫计局监督所执法人员反映的情况后，桃江县公安局马迹塘派出所民警将正在家中非法行医镶牙的肖某查获。据悉，肖某未取得医疗机构许可，没有卫生专业资质，也未办理工商营业执照，却一直心存侥幸非法行医。他曾于 2013 年、2014 年两次因无证非法行医被公安机关予以行政处罚。

【民警说法】

办理本案的民警王珑介绍，《中华人民共和国刑法》第 336 条规定：未取得医生执业资格的人非法行医，情节严重的，处三年以下有期徒刑、拘役或者管制，并处或者单处罚金；严重损害就诊人身体健康的，处三年以上十年以下有期徒刑，并处罚金；造成就诊人死亡的，处十年以上有期徒刑，并处罚金。肖某非法行医屡罚不改，等待他的将是法律的惩处。

【温馨提示】

非法行医很容易造成误诊、漏诊，导致患者病情拖延或加重，严重的甚至危及生命。因此，生病了应当到正规医疗机构接受治疗，千万不能因贪便宜而到"黑诊所"就诊，使自己处于危险境地。

（本文原载于 2017 年 4 月 25 日《湖南日报》）

11 出售羊群未检疫，引发疫情负刑责

何淼玲　高英明

【判决结果】

"为了节省动物检疫的几个钱，竟然换来妨害动植物检疫的罪名，太不值了！"在常德市鼎城区人民法院接受审判的肖某、刘某悔恨不已。法院以被告人肖某、刘某妨害动植物检疫罪，分别判处他们有期徒刑 10 个月，缓刑 1 年，并处罚金 1 万元；有期徒刑 8 个月，缓刑 1 年，并处罚金 8000 元。

【案情回放】

家住鼎城区黄土店镇的肖某、刘某从事黑山羊规模养殖多年，在当地小有名气。2015 年 6 月，洪江市养殖户江某从网上查询得知，肖某的黑山羊养殖基地有羊出售。同年 7 月 21 日，江某便来到肖某处购买黑山羊，肖某将未经检疫的 246 只黑山羊卖给江某。江某买回该批黑山羊后，不到一个月便陆续死去 240 只，经湖南省动物疫病预防控制中心检测，确定该批黑山羊感染了小反刍兽疫病，属国家一级动物疫病。

2015 年 7 月，江西省赣州市的黑山羊养殖户叶某也从网上查询得知，湖南常德市的肖某有黑山羊出售，便于同月 20 日来到肖某的黑山羊养殖基地，并当即决定购买肖某的黑山羊。肖某因自己没有足够的黑山羊，便要同镇黑山羊养殖专业户刘某送来了 100 多只黑山羊，连同自己的 20 只黑山羊，共卖给叶某未经检疫的黑山羊 148 只。叶某购回后，仅 28 天时间便陆续病死黑山羊 124 只。经权威部门检测，该批黑山羊感染小反刍兽疫病。

【法官说法】

审理本案的法官高英明认为，被告人肖某、刘某在从事黑山羊养殖销售过程中，违反国家动物检疫的相关规定①，将未经检疫的批量黑山羊出售给他人，

---

① 《中华人民共和国刑法》第 337 条第 1 款规定："违反有关动植物防疫、检疫的国家规定，引起重大动植物疫情的，或者有引起重大动植物疫情危险，情节严重的，构成妨害动植物防疫、检疫罪，处三年以下有期徒刑或者拘役，并处或者单处罚金。"

引发动物重大疫情，造成大量黑山羊死亡的严重后果，肖某、刘某的行为已经构成妨害动植物检疫罪。鉴于被告人肖某、刘某到案后如实供述自己的犯罪事实，有坦白情节，并且认罪态度好，遂从轻作出上述判决。

【温馨提示】

民以食为天，食以安为先。买者和卖者都应加强食品安全意识，在经营活动中遵守法律、法规规定，确保食品、食物安全。

（本文原载于 2016 年 3 月 19 日《湖南日报》）

12 食品安全高于天，硫黄熏辣椒熏出 3 年刑

何淼玲　曾　妍　李少葵

【判决结果】

长沙县人民法院以生产有毒、有害食品罪一审判处李某有期徒刑 3 年，并处罚金 5 万元。

【案情回放】

李某是邵东县人，在长沙市高桥干货大市场经营一家干椒批发商行，从事干辣椒销售。2012 年 7 月，他在长沙县跳马乡（现为跳马镇，属长沙市雨花区）白竹村租用一个约 500 平方米的仓库，将 1.5 万余公斤红干辣椒存放在内。他在仓库中砌了 3 个灶台，买了 90 袋工业硫黄，用来熏制干辣椒，使熏制后的干辣椒色泽光艳。2013 年 1 月 10 日，长沙县质量技术监督局执法人员到现场检查时，李某已用硫黄熏制干辣椒 15760 公斤。经湖南省食品质量监督检验研究院检验，这批干辣椒二氧化硫残留量检验结果为 3.48 g/kg，大大超过 ≤0.2 g/kg 的有关标准要求，不符合食品安全国家标准。经长沙县价格认证中心鉴定，该批红干辣椒标值 117885 元。

【法官说法】

审理本案的法官何晓璐认为，李某为牟取非法利益，熏制干辣椒时掺入国家明令禁止的非食用原料硫黄，李某的行为已经构成生产有毒、有害食品罪。根据《中华人民共和国刑法》第 144 条"在生产、销售的食品中掺入有毒、有害的非食品原料的，或者销售明知掺有有毒、有害的非食品原料的食品的，处五年以下有期徒刑或者拘役，并处或者单处销售金额百分之五十以上二倍以下罚金"之规定，鉴于李某认罪态度较好，酌情从轻作出上述判决。

【温馨提示】

民以食为天，食以安为先。用工业硫黄熏制干辣椒，李某受到法律制裁，这对于那些赚取昧心钱的不法商贩是一个警醒。

（本文原载于 2013 年 4 月 11 日《湖南日报》）

13　无证私宰千头猪，主犯坐牢又罚金

何森玲　胡　益　钟　真

【判决结果】

猪肉是我们日常生活中主要的肉食品，猪肉的质量安全不容忽视。长沙市天心区人民法院审结一起私自开设生猪屠宰场、无证屠宰生猪案件，一审以非法经营罪判处主犯杨某某有期徒刑11个月，并处罚金人民币3万元。同时，将杨某某非法获利所得人民币5.1万元依法予以没收。

【案情回放】

2016年2月至8月，杨某某在长沙市天心区黑石铺街道某房屋私设屠宰场，在未办理任何相关手续的情况下，杨某某本人负责购进生猪和批发销售猪肉，同时以每宰杀一头生猪给26元的薪酬聘请王某（另案处理）为自己屠宰生猪，共私自屠宰生猪1301头，非法经营数额达400余万元，每头生猪获利60余元，扣除王某工资2.7万元，杨某某获利约5.1万元。

2016年8月2日凌晨2时许，执法机关查获该私设的屠宰场，并抓获王某，现场查获已经屠宰的生猪肉383公斤、尚未宰杀生猪11头。2016年12月16日，杨某某被公安机关抓获。

【法官说法】

审理本案的法官胡益认为，根据国务院颁布的《生猪屠宰管理条例》第二条规定，国家实行生猪定点屠宰、集中检疫制度。未经定点，任何单位和个人不得从事生猪屠宰活动。但是，农村地区个人自宰自食的除外。本案中，杨某某未取得国家畜牧部门批准，私设生猪屠宰场，扰乱市场秩序，情节严重，杨某某的行为已经构成非法经营罪。

【温馨提示】

国家之所以规定定点屠宰是为了保障生猪的质量安全，保证食品安全。以身试法，必被法惩。

（本文原载于2017年3月18日《湖南日报》）

14 宾客食物中毒，酒店老板获刑

何淼玲　刘洪兵　吴慕君

【判决结果】

在酒店赴宴的宾客出现头昏、呕吐等疑似食物中毒现象后，酒店老板毫无食品安全责任意识，竟然又将剩余食物送给别人办酒席，以致再次发生食物中毒事件。衡阳县人民法院依法以销售不符合安全标准的食品罪，判处邓某有期徒刑1年，缓刑2年，并处罚金3000元。

【案情回放】

2011年5月，邓某在自己经营的衡阳县集兵镇某酒家承办何某婚宴酒席10余桌，酒席结束1个小时后，就餐客人中有49人陆续出现头昏、呕吐和腹泻等症状，先后被送到南华附一、附二等医院接受治疗。当晚，衡阳县食品药品监督局等职能部门工作人员接到报告后到该酒家进行检查、采样和调查，并口头要求邓某停止营业，等待检验结果。次日凌晨，邓某却又安排人员将酒家剩余食物、餐具、设备等运到该镇白果村刘某家，为刘某承办事先预订的15桌婚宴。下午2时许，又有29名客人相继出现呕吐、腹泻等症状，随后被送往医院治疗。经衡阳市疾病预防控制中心检验，邓某经营的酒家承办的这两起婚宴酒席餐桌上销售的虾子和卤水拼盘中蜡样芽孢杆菌的数量超标，可能导致细菌性食物中毒。中毒人员经治疗痊愈后，邓某已经赔偿中毒人员全部医药费、误工费、护理费、营养费等共计15万余元。

【法官说法】

审理本案的法官冯志玲认为，《中华人民共和国刑法》第143条规定，生产、销售不符合卫生标准的食品，足以造成严重食物中毒事故或者其他严重食源性疾患的，处三年以下有期徒刑或者拘役，并处或者单处罚金。① 邓某在明知自己销售的食品已经出现疑似中毒事件，食品药品监督等职能部门要求邓某停止营业的情况下，仍然继续销售不符合安全标准的食品，造成严重食物中毒事故，邓某的行为已经构成销售不符合安全标准的食品罪。鉴于邓某认罪态度较好，积极赔偿了中毒人员及被害人的医药费等经济损失，遂从轻作出上述判决。

【温馨提示】

食品安全卫生事关人民群众生命权、健康权，万万开不得玩笑。

（本文原载于 2012 年 12 月 30 日《湖南日报》）

---

① 《中华人民共和国刑法》第 143 条规定："生产、销售不符合食品安全标准的食品，足以造成严重食物中毒事故或者其他严重食源性疾病的，处三年以下有期徒刑或者拘役，并处罚金；对人体健康造成严重危害或者有其他严重情节的，处三年以上七年以下有期徒刑，并处罚金；后果特别严重的，处七年以上有期徒刑或者无期徒刑，并处罚金或者没收财产。"

15 珠宝满箱不如楠木一方，砍伐两株进监狱

何淼玲　李　静

【判决结果】

"纵有珠宝满箱，不如楠木一方。"楠木的珍稀程度可见一斑。2月初，龙山县人民法院以非法采伐国家重点保护植物罪，判处被告人张某芝有期徒刑3年，缓刑4年，并处罚金4万元；判处被告人鲁某文有期徒刑2年，并处罚金2万元。

【案情回放】

2013年12月，一次偶然机会，张某芝得知贺姓老板想购买龙山县洗车河镇田家寨上两株集体所有的楠木，虽然说他不知道楠木是国家重点保护植物，但是也大概清楚私砍楠木是违法的。在高额利润诱惑下，他决定冒险一试。

为了伪装自己的砍伐行为，张某芝找到本为田家寨人的鲁某文，让他去说服村民"卖出"楠木树。一开始村民们大都不同意卖楠木，但是鲁某文连哄带骗，给他们开出了许多"空头支票"，有些村民的立场开始动摇。张某芝见事有起色，为避免夜长梦多，便立马组织人手砍树。

一台铲车，两辆拖车，两把油锯，4个伐木工人，花了整整3天将大小两株楠木砍伐，并裁得3至4米长的原木7件。在砍伐过程中，还不小心砸断了一株空心楠木。经鉴定，被砍伐、毁坏的3株楠木均为国家二级重点保护植物——闽楠。

将楠木运出村后，张某芝将楠木卖出，按田地人头给村民人均补偿了400元，给鲁某文1万元的"辛苦费"，自己从中获利14000元。2014年10月，他们砍伐楠木的行为，被举报至当地森林公安局。得知事情败露后，张某芝投案自首，而此时外出务工的鲁某文，也因赌博罪入狱。

【检察官说法】

办理本案的检察官李静认为，根据《中华人民共和国刑法》第344条之规

定，非法采伐、毁坏国家重点保护植物的行为构成犯罪。① 采伐 2 株以上为情节严重，可以判处 3 至 7 年有期徒刑。张某芝、鲁某文非法采伐、毁坏楠木共 3 株，达到了这一量刑标准，故依法作出如上判决。

【温馨提示】

珍稀林木资源濒临灭绝，采伐一株便少一株，是多少金钱都无法买回的。美好的环境是我们共同的财富，大家切莫为了眼前一点利益而破坏环境。

（本文原载于 2015 年 3 月 16 日《湖南日报》）

---

① 《中华人民共和国刑法》第 344 条规定："违反国家规定，非法采伐、毁坏珍贵树木或者国家重点保护的其他植物的，或者非法收购、运输、加工、出售珍贵树木或者国家重点保护的其他植物及其制品的，构成危害国家重点保护植物罪，处三年以下有期徒刑、拘役或者管制，并处罚金；情节严重的，处三年以上七年以下有期徒刑，并处罚金。"

16 百年野生红豆杉受国家保护，盗伐两株获刑

何淼玲　丁　涛　梅乐寒

【判决结果】

新田县人民法院以非法采伐国家重点保护植物罪判处被告人乐某有期徒刑3年，并处罚金12000元；判处被告人赵某有期徒刑1年6个月，缓刑3年，并处罚金8000元。

【案情回放】

2013年5月，侯某(在逃)找到被告人乐某，说有人愿意高价收购红豆杉，乐某告诉侯某新田县门楼下瑶族乡有几株野生红豆杉。随后，乐某带领侯某等人先后5次到门楼下瑶族乡踩点。其间，他们遇见被告人赵某，便把计划告知赵某，要求赵某配合协助盗伐红豆杉，赵某表示同意。同年7月22日至23日，侯某、乐某雇请工人并租用货车来到门楼下瑶族乡，在盗得2株野生红豆杉后，侯某、乐某将红豆杉用货车运至新田县城，以36100元转手卖出。乐某分得赃款6071元，赵某分得赃款4000元。经湖南省野生动植物司法鉴定中心鉴定，被盗的2株红豆杉为国家一级重点保护植物，一株树龄约为110年，另一株树龄约为130年。

【法官说法】

审理本案的法官陈秀玲说，被告人乐某、赵某以非法占有为目的，盗伐国家重点保护植物，情节严重，乐某、赵某的行为均已经构成非法采伐国家重点保护植物罪。

【温馨提示】

国家重点保护植物，尤其是野生植物，因稀少而更显珍贵。非法盗伐触犯刑律，要接受法律制裁。

(本文原载于2015年5月28日《湖南日报》)

17　注意了，"自家的树"也不能乱砍

何淼玲　史明华　赵智泉

【判决结果】

砍伐树木要有采伐证，砍伐自家树木也是如此，否则有可能受到法律制裁。沅陵县人民法院以滥伐林木罪判处张某芳有期徒刑 1 年，缓刑 1 年，并处罚金 3000 元。

【案情回放】

2014 年 11 月 26 日，家住沅陵县杜家坪乡的村民张某芳因建房需要木材，在未得到林业主管部门明确同意并且未办理林木采伐许可证的前提下，手持油锯、斧头等伐木工具将自留山上的杉木、松木进行砍伐，8 个月里砍伐杉木、松木共计活立木蓄积 25.8 立方米。

【法官说法】

审理本案的法官赵智泉说认为，《中华人民共和国森林法》①明确规定，采伐林木必须申请采伐许可证，按许可证的规定进行采伐，不能因对林木拥有所有权、使用权而随意采伐，否则构成滥伐林木罪。滥伐林木罪的刑事立案追诉标准以采伐 10 至 20 立方米或者幼树 500 至 1000 株为起点。张某芳擅自砍伐林木，数量较大，他的行为已经构成滥伐林木罪。② 鉴于张某芳案发后能主动投案并且如实供述犯罪事实、自愿认罪，遂依法从轻作出上述判决。

【温馨提示】

自家的树木也不能乱砍，村民一定要牢固树立法律意识。

(本文原载于 2015 年 8 月 29 日《湖南日报》)

---

① 《中华人民共和国森林法》第 56 条规定："采伐林地上的林木应当申请采伐许可证，并按照采伐许可证的规定进行采伐。"

② 《中华人民共和国刑法》第 345 条第 2 款规定："违反森林法的规定，滥伐森林或者其他林木，数量较大的，处三年以下有期徒刑、拘役或者管制，并处或者单处罚金；数量巨大的，处三年以上七年以下有期徒刑，并处罚金。"

18 事先未经审批，毁林办厂领刑

何森玲　郭秀峰　陈　伟

【判决结果】

经醴陵市人民检察院提起公诉，毁林办厂的汤某桂被该市法院判处有期徒刑6个月，缓刑1年，并处罚金8万元。

【案情回放】

汤某桂系醴陵市王坊镇人。2013年2月，他准备开办一家鞭炮烟花制造厂，并于同年2月、10月先后与王坊镇杨林村、温泉村村民签订租地协议，从两村村民手中承租部分山岭。随后，汤某桂雇请挖掘机在协议范围内的山岭间施工，建设鞭炮生产厂房和修筑一条通往厂区的水泥路。9月10日，汤某桂租地建厂的行为被当地村民举报。次日，醴陵市林业行政执法部门下达了停止非法占用、毁坏林地通知书，并经鉴定，认定他共造成公益林地面积21.74亩被毁坏。2015年5月29日，汤某桂主动向醴陵市公安局投案自首。

【检察官说法】

办理本案的检察官陈伟民认为，《中华人民共和国刑法》第342条规定，违反土地管理法规，非法占用耕地、林地等农用地，改变被占用土地用途，数量较大，造成耕地、林地等农用地大量毁坏的，处5年以下有期徒刑或者拘役，并处或者单处罚金。本案中，汤某桂未经林业行政管理部门审批，非法占用、毁坏大量公益林地，汤某桂的行为已经构成非法占用农用地罪。鉴于汤某桂能投案自首并且在案发后积极采取补救措施，具有从轻情节，遂依法作出上述判决。

【温馨提示】

在占用土地建设厂房时，一定要事先办理相关审批手续，以免厂未办成反而受到刑罚制裁。

（本文原载于2015年8月19日《湖南日报》）

19　鱼儿也要休养生息，禁渔期电鱼被判拘役

何森玲　陈中伟　郭明辉

【判决结果】

湘阴县人民法院审理了该县首例非法捕捞水产品系列案，被告人陈某被判处拘役 3 个月，缓刑 6 个月。

【案情回放】

被告人陈某是湘阴县杨林寨乡农民，因家住洞庭湖畔，农忙之余，他经常到湖中捕鱼。2016 年 3 月 29 日一早，陈某明知当时是禁渔期，仍然驾着木质渔船来到洞庭湖横岭湖西口水域，用自制的电力捕鱼工具打鱼。上午 8 时许，陈某被湘阴县禁渔联合执法人员查获。经岳阳市渔政管理站认定，陈某用于捕捞的工具属违法捕捞工具。

根据 2015 年 12 月 23 日发布的《农业部关于调整长江流域禁渔期制度的通告》，规定洞庭湖为禁渔区，自 2016 年 1 月 1 日起每年 3 月 1 日 0 时至 6 月 30 日 24 时为禁渔期，在规定的禁渔区和禁渔期内，停止所有捕捞作业。

【法官说法】

审理本案的法官蒋武认为，《中华人民共和国刑法》第 340 条规定："违反保护水产资源法规，在禁渔区、禁渔期或者使用禁用的工具、方法捕捞水产品，情节严重的，处三年以下有期徒刑、拘役、管制或者罚金。"

本案中，被告人陈某在禁渔期、禁渔区使用禁用的工具捕捞水产品，情节严重，已经构成非法捕捞水产品罪。鉴于陈某认罪态度好，予以从轻处罚，故作出上述判决。

【温馨提示】

鱼儿也需要休养生息。为了使鱼类资源得以不断恢复和持续发展，请不要在禁渔期或者禁渔区内捕鱼。

（本文原载于 2017 年 3 月 8 日《湖南日报》）

20 废水排塘鱼儿死亡，混凝土公司赔钱

何淼玲 曾 妍 胡渊茗著

【判决结果】

岳阳市岳阳楼区人民法院对一起水污染责任纠纷案作出一审判决，由岳阳某混凝土公司停止向原告汤某夫妇经营的鱼塘排污，并赔偿经济损失18000元。

【案情回放】

汤某夫妇承包了岳阳市七里山一片约10亩的鱼塘从事水产养殖，旁边就是被告岳阳某混凝土公司。2013年5月7日、5月22日，因下大雨导致被告生产场地的混凝土、水泥等被雨水冲入鱼塘，共造成鱼塘内死鱼1500多公斤，直接经济损失18000元。根据岳阳市渔政管理站的检测报告，鱼的死因系水体污染。汤某夫妇于是将该混凝土公司诉至岳阳楼区人民法院，要求赔偿。

【法官说法】

审理本案的法官冯朝辉认为，《中华人民共和国水污染防治法》规定：禁止向水体排放、倾倒工业废渣、城镇垃圾和其他废弃物；因水污染引起的损害赔偿诉讼，由排污方就法律规定的免责事由及其行为与损害结果之间不存在因果承担举证责任；因污染环境造成损害的，污染者应当承担侵权责任。根据岳阳市渔政管理站的检测报告、照片及当地派出所证明和庭审笔录，可以认定汤某夫妇租赁经营的鱼塘因污染死鱼的事实，而且岳阳某混凝土公司不能证明损害的发生与自身无关，应当依法承担停止侵害、赔偿损失的全部民事责任。

【温馨提示】

企业应当最大限度减少环境污染。否则，一旦出现环境污染事故，将承担相应的法律责任。

(本文原载于2015年3月25日《湖南日报》)

21 无牌化工厂随意排污受惩处

何淼玲 贺力平 李博偲

【判决结果】

在生态环境越来越被人关注和重视的今天，仍然有人为了一己之私利铤而走险污染环境，结果是领刑又罚金。邵阳市双清区人民法院一审以污染环境罪对4名被告人定罪量刑，其中判处李某勇有期徒刑1年，并处罚金3000元；分别判处李某松和李某权有期徒刑1年，缓刑1年，并处罚金5000元；判处申某有期徒刑10个月，缓刑1年，并处罚金5000元。

【案情回放】

2015年8月，被告人李某勇与其父李某松、其弟李某权开办了一家无牌化工厂，私自加工含二氯甲烷、二甲苯等化学成分的废溶剂，制作成稀释剂成品和燃烧用的环保油成品向外销售。2015年10月，被告人申某明知该化工厂属无证经营，依然将含乙酸乙酯的废有机溶剂销售给李家父子。2016年3月，申某将一批废油漆溶剂运至化工厂要求加工成稀释剂，李某松按吨收取加工费。加工产生的所有废液通过排水渠排出厂外，直接污染了周边的土地、林地。而加工产生的废渣被焚烧后，产生的废气也对空气造成直接污染。案发后，有关部门为消除环境污染花费70万元，李某松承担了30万元。

【法官说法】

审理本案的法官王亚平说，《中华人民共和国刑法》第338条规定，违反国家规定，排放、倾倒或者处置有放射性的废物、含传染病病原体的废物、有毒物质或者其他有害物质，严重污染环境的，处3年以下有期徒刑或者拘役，并处或者单处罚金；后果特别严重的，处3年以上7年以下有期徒刑，并处罚金。李某勇、李某松、李某权非法排放、倾倒、处置危险废物致使公私财产损失70万元，应当认定为严重污染环境。申某明知该化工厂无经营许可证，仍然向该化工厂提供或者委托该化工厂处置危险废物，严重污染环境，应当以污染环境罪的共同犯罪论处。鉴于4名被告人犯罪情节较轻，案发后李某松主动出资30万元消除污染，确有悔罪表现，法院遂作出前述判决。

【温馨提示】

江海湖泊，空气与水，山与树林都是我们赖以生存的生态环境。没有可持续发展的观念，以环境污染为沉重代价，即使获得眼前利益，也终将陷入发展困境。而那些为获一己之私利不惜污染破坏环境者，必然会受到法律惩处。

(本文原载于 2017 年 10 月 11 日《湖南日报》)

22　玉米地里设电网，未捕野猪伤了人

何淼玲　沈　超

【判决结果】

永州两名男子用电网打野猪赚钱补贴家用，合伙在玉米地里私设电网捕杀野猪，不料却将一位村民电伤。永州市零陵区人民法院以危险方法危害公共安全罪判处被告人蒋某庚有期徒刑 4 年，缓期 5 年；判处被告人陈某刚有期徒刑 3 年，缓期 4 年。

【案情回放】

2015 年 9 月一天，蒋某庚、陈某刚准备在罗川屋村杉木山用电打野猪。蒋某庚从东安县买来了细铁丝做电线，之后他与陈某刚在同村村民的玉米地里架设电网。9 月 11 日 21 时许，蒋某庚将已经架好的电线通上照明电源准备打野猪。23 时许，村民曹某生路过该玉米地时听见有响声，于是停下摩托车走到玉米地里去查看，其右腿碰到已经接通的电线，当即被电弧击倒，致头部等处受伤，经法医鉴定为轻伤二级。

案发后，两名被告人积极救治被害人并且主动赔偿了被害人的经济损失，得到被害人谅解。

【法官说法】

审理本案的法官龙智林认为，蒋某庚、陈某刚以狩猎为目的，在公共场所非法架设电网，不慎造成一人轻伤的后果，蒋某庚、陈某刚的行为已经构成以危险方法危害公共安全罪。鉴于两名被告人行为的社会危害后果比较小，可以酌情从轻处罚。

【温馨提示】

采用拉电网、投毒、设陷阱等违法方式捕猎野生动物，危及他人生命安全，这种行为可能构成以危险方法危害公共安全罪，甚至会构成过失致人死亡罪等。此外，按照《中华人民共和国野生动物保护法》相关规定，野猪属于国家二级保护动物，对有滥杀野猪行为的人，相关部门将会视数量对其进行行政处罚，情节严重的还要追究刑事责任。

（本文原载于 2016 年 2 月 23 日《湖南日报》）

23 非法销售境外药品，小卖部店主获刑

何淼玲　周再明　胡武益

【判决结果】

个体工商户杨某利用妹妹嫁到香港的便利，请她代购药品寄回后摆到自己所开的小卖部货架上公开销售。经桃江县人民检察院提起公诉，法院以销售假药罪判处杨某拘役 3 个月，缓刑 6 个月，并处罚金 1 万元。

【案情回放】

杨某系桃江县桃花江镇个体户，开了一个小卖部销售日常生活用品。2014 年 2 月至 11 月，他通过妹妹杨某某嫁到香港的便利，委托她从香港购得胃仙—U、黄道益活络油、千里追风油等药品、产品后，通过快递寄回到杨某所开的小卖部公开销售，销售金额 2512 元。2014 年 11 月 5 日，桃江县公安局会同桃江县食品药品监督管理局在小卖部内查获并扣押没有出售完的黄道益活络油等 61 种 140 件药品、产品。经益阳市食品药品监督管理局认定，其中千里追风油等 5 种药品因没有批准文号或者进口药品注册证号，认定为假药。

【检察官说法】

办理本案的检察官李希明认为，《中华人民共和国刑法》第 141 条规定，生产、销售假药的，处 3 年以下有期徒刑或者拘役，并处罚金。杨某明知所售药品没有批准文号或者进口药品注册证号，为牟取非法利益，在没有任何药品进口手续的情况下，私自委托他人购进并销售假药，杨某的行为已经构成销售假药罪。《中华人民共和国刑法修正案(八)》将此罪从结果犯改为行为犯，即只要有制售假药的行为，不论该行为是否会产生危害后果，都要受到刑事追究。

【温馨提示】

广大市民不要误以为是境外药品就有显著的疗效，从境外购买药品寄回或者带回到境内后，未经相关部门审批而擅自销售，既违反了国家法律，又存在着严重的安全隐患。

(本文原载于 2015 年 6 月 18 日《湖南日报》)

第五部分

借款、借贷、债务、买卖、合同类

01 手握借据，2万元为何打了水漂？

何淼玲　李　宁　陈贵新

【判决结果】

邵东县人民法院依法驳回王某要求彭某偿还2万元借款的诉讼请求，这意味着王某借出去的2万元打了水漂。

【案情回放】

王某住邵东县两市镇荷田路，是一名个体工商户。彭某是邵东县九龙岭镇三合村农民。2006年7月23日，彭某向王某借款2万元，并出具了借条。双方约定月利率为1.5%，借期1年。借款到期后，王某多次催收，彭某拖欠借款一直未予归还。2010年2月3日，王某向邵东县人民法院提起诉讼，要求彭某立即归还借款本金2万元及利息。开庭那天，王某和彭某均到庭应诉。王某当庭向法官提供了借条原件1份，用以证明彭某于2006年7月23日向王某借款2万元的事实。彭某辩称，借款是事实，但是过去一直无力偿还，现在也还不起，并且王某起诉已经超过诉讼时效，依法不应当受到法律保护。

法院经审理认为，本案属民间借贷纠纷。双方对债权债务关系无异议，彭某理应按约偿还借款本息，但是王某起诉时已经超过诉讼时效，也没有提供证据证明王某在诉讼时效期间内催收过债权，故王某的诉讼请求不应当受到法律的强制性保护。据此，法院根据《中华人民共和国民法通则》第135条"向人民法院请求保护民事权利的诉讼时效期间为二年，法律另有规定的除外"之规定，依法驳回王某要求彭某偿还借款2万元及利息的诉讼请求。本案诉讼费50元，减半收取25元，由王某承担。

【法官说法】

王某手握借据，为何还是输了官司？审理本案的法官李巧军认为，关键是诉讼时效问题。本案中，王某和彭某约定的还款期限是2007年7月23日，按照"诉讼时效期间为二年"的规定，该案诉讼时效到2009年7月23日为止。可是王某直到2010年2月3日才提起诉讼，此时已经超过诉讼时效半年有余，并且王某又未能提供证据证明在二年的诉讼时效期间内主张过权利,①故法院依法驳回王某诉讼请求。设立这一法律制度,主要是为了督促权利人积极行使权利,便于法院及时正确地处理纠纷,维护社会关系的稳定。

【温馨提示】

法律保护有期限,超过期限徒兴叹!本案主审法官提醒,公民或法人民事权益受到侵害时,应当从知道或者应当知道权益被侵害之日起 3 年内主张权利,否则就丧失了胜诉权(即法律不能强制债务人履行义务),给自己造成不必要的损失。

(本文原载于 2010 年 4 月 15 日《湖南日报》)

---

① 《中华人民共和国民法通则》现已废止,相关内容归入 2021 年 1 月 1 日起施行的《中华人民共和国民法典》。《中华人民共和国民法典》第 188 条第 1 款规定:"向人民法院请求保护民事权利的诉讼时效期间为三年。法律另有规定的,依照其规定。"

02 欠条非儿戏，欠款人签名应该当面书写

何淼玲　李　婷

【判决结果】

欠款纠纷案中债权人是李某芳，欠条中却写着是欠李某芬的钱，欠款人李某据此拒不承认该笔欠款。债权人将欠款人告上法庭。嘉禾县人民法院依法判决欠款人李某偿还李某芳欠款 12500 元。

【案情回放】

住嘉禾县珠泉镇的被告李某与原告李某芳的婆婆欧某凤是朋友。2010 年 12 月 31 日，李某向李某芳借款 20000 元，约定月利息为 1.5%，按月付息。本息由李某芳的婆婆催收。但是李某只给付两个月利息后，就与李某芳的婆婆开始扯皮。2014 年 12 月 8 日，李某偿还 20000 元借款本金后，将借条撕掉，所欠利息 12500 元则另行出具了欠条给李某芳，并约定于 2015 年 4 月 30 日付清。想不到李某在欠条上玩了个花招，故意将"李某芳"写成"李某芬"，李某芳当时也未注意到。后李某芳多次找李某给付该笔欠款，李某却以各种理由拒付，无奈之下，李某芳将李某告上法庭。但是李某提出，欠条中债权人是李某芬，而不是原告李某芳，并以此为由不愿偿还该笔欠款。

【法官说法】

审理本案的法官李孔辉认为，法庭上，被告李某对于该笔欠款不承认也不否认，也未申请笔迹鉴定。同时李某认可钱是从原告李某芳的婆婆欧某凤处拿的，根据证据规则，若李某认为不是欠"李某芳"利息款时，则有义务提供"李某芬"的基本信息。同时，根据当地的一些方言习惯，"芳"与"芬"的拼音读音相近，手写书写时，字迹相近，且欠条的持有人为李某芳的客观事实，可以推定，欠条中"李某芳"写成"李某芬"系李某误写所致。因此，法院认为双方之间存在合法有效的债权债务关系，依照《中华人民共和国民事诉讼法》的相关规定，判决李某偿还李某芳欠款 12500 元。

【温馨提示】

欠条作为个人或者单位在欠款、欠物时所写的书面凭证，在现实生活中频

频出现，因欠条书写不规范或者欠条内容欠缺引发的纠纷日益增多。在这类纠纷中，欠条是证明债权债务关系存在的重要证据。因此，如何写好欠条，需要注意一些法律技巧：写欠条时要认真核对欠款人的签名是否正确，最好附带在欠条中体现出欠款人的身份证号码；欠款人签名应该当面书写，防止欠款人用其他人来签名，最后拒绝承认欠条；尽量避免使用容易产生分歧的语言；最好在欠条中体现欠款的原因，以备查证。

（本文原载于 2017 年 8 月 16 日《湖南日报》）

03 越洋追债的"空白欠条"为何未获法院认定

何淼玲

【判决结果】

长沙市天心区人民法院经过审判，驳回了原告陈某要求被告盛某偿还15.52 万美元的诉讼请求。情侣之间的这起越洋追债纠纷案一审尘埃落定。

【案情回放】

2010 年，陈某与盛某在美国圣路易斯大学相识恋爱。盛某于 2012 年 6 月10 日、8 月 17 日和 2013 年 2 月 14 日向陈某出具了 4 万美元、2.3 万美元、9.22 万美元的欠条 3 张，欠款金额共计 15.52 万美元。后来，两人分手，盛某回到长沙生活。2013 年 8 月 5 日，盛某母亲从国内银行向陈某汇款 20 万元人民币，作为第一张欠条 4 万美元的还款。2014 年 8 月，陈某向天心区人民法院起诉盛某，要求偿还 3 张欠条所载金额 15.52 万美元及利息。

本案由天心区人民法院院长马贤兴担任审判长，于 2014 年 10 月 28 日和2015 年 1 月 5 日两次公开开庭。第一次开庭，原告陈某的代理人向法庭出具了3 张欠条。被告盛某的代理人辩称：第一张 4 万美元欠条所欠款项，已经由盛某母亲代为偿还 20 万元人民币。第二、三张欠条所载欠款并未实际发生，是原被告双方吵架时应女方强烈要求所写。原告代理人对第一笔 4 万美元欠款已经偿还予以认可，但是坚持称第二、三笔欠款是真实借贷。

第二次开庭，被告盛某本人到庭应诉，而原告陈某未到庭。法庭允许原告陈某通过视频与被告对质，但是原告不同意。这次开庭，原告代理人提供了原告在美国生活期间的 17 万美元银行支取记录凭证。

【法官说法】

审理本案的法官马贤兴认为，法官对不能提供实际交付证据的大额"白纸欠条"或者"白纸借据"不予认可，是基于以下考量：第一，个人之间的借贷是一种实践性合同。所谓实践性合同，不仅要看是否有合同文本或者借据文字，还要考察是否实际交付。只有完成实际交付，才可以认定合同成立。第二，司法要防止胁迫或者串通。鉴于当前现实生活中，一些人背弃诚信原则，或者出于各种原因胁迫他人立下借据或者欠条，或者双方恶意串通虚设借款损害国家、集体和他人权益，如果司法裁判对没有实际交付证据的大额"白纸借据、欠条"或者"白纸债权确认书"等予以认可，就给胁迫或者恶意串通以可乘之机，这将对社会诚信和社会秩序带来严重损害。从本案庭审情况看，就可能有胁迫的情形存在，被告盛某提出第二、三张欠条是在吵架情形下应原告强烈要求所写，而原告本人始终不出庭，原告的代理律师未亲历，对此无法作出合理解释。况且，原告陈某所举在美国生活期间支取 17 万美元的银行支取记录凭证与借贷没有关联性。因此，这种越洋追债的"空白欠条"真伪难辨。①

【温馨提示】

民间借贷行为如果实际发生，出借人除了保留合同、借据外，大额借款还必须通过银行转账并且保留交付记录，最可靠的证据就是"点对点"的银行汇款凭证。

（本文原载于 2015 年 2 月 1 日《湖南日报》）

---

① 《中华人民共和国民事诉讼法》第 64 条规定："当事人对自己提出的主张，有责任提供证据。""人民法院应当按照法定程序，全面地、客观地审查核实证据。"

04 借款人死亡，担保人被判返还借款 10 万

何淼玲　曾　妍　肖文淑

【判决结果】

借款人向他人借款，担保人提供担保，在保证期限内，借款人死亡，担保人应当承担连带责任。耒阳市人民法院审结一起民间借贷纠纷案，判决被告贺某胜返还原告黄某彪借款 10 万元。

【案情回放】

2012 年 10 月 1 日，借款人刘某（耒阳市人）以做生意为由向黄某彪（住耒阳市西湖路 21 号）借款 10 万元，刘某向黄某彪出具借条，确认借款金额为 10 万元，期限 6 个月，贺某胜（住耒阳市蔡子池街道办事处）以担保人身份在借条上签名。2013 年 1 月，刘某意外死亡，生前未向黄某彪清偿借款。借款到期后，刘某的继承人不愿承担清偿责任，贺某胜也没有清偿借款，黄某彪向法院起诉，要求担保人贺某胜赔偿 10 万元。

【法官说法】

审理本案的法官吴琼认为，《中华人民共和国担保法》第 19 条规定"当事人对保证方式没有约定或者约定不明确的，按照连带责任保证承担保证责任"。① 本案中，原告黄某彪已经向借款人刘某支付了借款 10 万元，并且被告贺某胜以担保人身份在借条上签名，但是原、被告对保证方式约定不明，故应当按连带责任保证确定被告贺某胜的保证责任。由于借款人刘某已经死亡，原告黄某彪要求被告贺某胜在保证范围内承担保证责任返还借款 10 万元，符合法律规定，应当予以支持。贺某胜在履行了保证责任后，有权在借款人刘某的遗产范围内向继承人追偿。

【温馨提示】

为他人担保存在一定的法律风险，应当谨慎行事。

(本文原载于 2013 年 12 月 12 日《湖南日报》)

---

① 《中华人民共和国担保法》现已废止，相关内容由《中华人民共和国民法典》第 686 条第 2 款规定："当事人在保证合同中对保证方式没有约定或者约定不明确的，按照一般保证承担保证责任。"

05 借钱给人搞传销，债权不受法保护

何淼玲　彭曼璐　陆　义

【判决结果】

借钱给人搞传销，债权不受法保护。湘乡市人民法院东山法庭对一起因非法传销而引发的欠款纠纷案作出一审判决，驳回曹某要求欧某偿还借款的诉讼请求。

【案情回放】

曹某与欧某都是湘乡市东郊乡农民，欧某与曹某之父是多年的老友。2006年3月，曹某经人介绍到广西玉林搞传销，在利益驱使下，曹某向家乡的老乡大肆吹嘘自己的"生意"投入少、赚钱快，很快拉到了不少下线，欧某便是其中之一。在各种"培训"的洗脑之下，欧某很快陷入传销组织的漩涡当中，一心想发财致富的他，经不住所谓"高回报"的诱惑，开始向传销组织购买产品。由于缺乏购买"产品"的资金，欧某便提出向曹某借款3万元。为了尽快拿到属于上线的丰厚提成，曹某毫不犹豫地将钱借给了欧某。后来，广西玉林地区公安机关严厉打击传销组织，欧某这才知道自己受骗了。回到湘乡后，曹某多次找到欧某要求偿还借款，欧某认为自己被骗，才陷入传销之中，拒绝偿还欠款。曹某遂于2012年3月诉至法院，要求欧某偿还欠款。

【法官说法】

审理本案的法官周建明认为，传销是对社会经济秩序、金融秩序以及社会稳定造成严重损害和影响的违法行为，出借人曹某明知借款人欧某是为了进行传销活动而借款给他，属于违法借贷，不受法律保护。依据最高人民法院《关于人民法院审理借贷案件的若干意见》第9条"出借人明知借款人是为了进行非法活动而借款的，其借贷关系不予保护"之规定，依法驳回曹某要求欧某偿还借款的诉讼请求。

【温馨提示】

君子爱财，取之有道。传销属于国家明令禁止、严厉打击的非法活动，曹某为非法获利，不惜借款给欧某搞传销，只能落得个鸡飞蛋打的结果。

（本文原载于2012年12月12日《湖南日报》）

06　欠债一码归一码，"以债抵债"不合法

何淼玲　曾　妍　贺家政

【判决结果】

临澧县人民法院一纸判决，打碎了欠款人周某芳单方"以债抵债"的梦想，法院判决周某芳于判决生效后20日内偿还原告周某新借款本金14万元，并且支付相应利息。

【案情回放】

2007年5月和2008年6月，家住临澧县安福镇的周某芳，向住临澧县合口镇的周某新先后借款10万元和4万元，约定支付相应借款利息。2010年12月，周某芳因案外人王某向其借款16万元难以回收，遂不经周某新同意，意欲单方面抵减所欠周某新的借款。周某芳与王某以周某芳为债权人，以王某为债务人，以周某新为受让人，签订了一份《债权转让协议书》，约定将周某芳对王某享有的16万元债权中的14万元转让给周某新。但是周某新未到场签字，事后亦未补签。周某新向周某芳多次催讨，但是周某芳以该款已经用于对案外人王某享有的债权予以抵偿为由拒绝偿还，周某新遂起诉至法院。

【法官说法】

审理本案的法官匡召生认为，周某芳向周某新借款，并且出具了借条，双方形成民间借贷关系，双方当事人应当按照约定履行各自的义务。《中华人民共和国合同法》第206条规定："借款人应当按照约定的期限返还借款。"[①]第207条规定："借款人未按约定的期限返还借款的，应当按照约定或者国家有关规定支付逾期利息。"[②]本案中，周某芳向周某新借款后，未按约定偿还借款本金及利息，应当承担违约责任。周某芳辩称所欠周某新借款已经用于对案外人

[①] 《中华人民共和国合同法》现已废止，相关内容归入2021年1月1日起施行的《中华人民共和国民法典》。《中华人民共和国民法典》第675条规定："借款人应当按照约定的期限返还借款。"

[②] 《中华人民共和国合同法》现已废止，相关内容归入2021年1月1日起施行的《中华人民共和国民法典》。《中华人民共和国民法典》第676条规定："借款人未按照约定的期限返还借款的，应当按照约定或者国家有关规定支付逾期利息。"

王某享有的债权予以抵偿，因该债权转让是周某芳的单方面行为，周某新事前不知情，事后未追认，因而该债权转让不具有真实性、合法性和关联性，不具有法律效力，故周某芳的这一辩解理由不成立，遂依法判决周某芳偿还周某新的借款本金及利息。

【温馨提示】

一债归一债，一码归一码。未经债权人同意，私自抵减债务不合法，当然得不到法院支持。

（本文原载于 2013 年 11 月 8 日《湖南日报》）

07　债权期满6个月，债主起诉担保人被驳回

何淼玲　高喜朝

【判决结果】

湘潭县人民法院依法驳回胡某在债权期满6个月后才起诉要求保证人钟某承担保证责任的诉讼请求。

【案情回放】

2013年5月5日，陈某向胡某借款3万元，出具了借条，约定按月付息，借款期限至2014年2月5日止，到期偿还本金。钟某为上述借款进行担保，并在借条的担保人一栏签字。借款后，陈某按约支付利息至2014年2月5日。借款到期后，陈某未偿还胡某借款，胡某遂将陈某及担保人钟某诉至法院，但是此时已超过借款期限6个月。

【法官说法】

审理本案的法官李晓红认为，陈某向胡某借款3万元有借条为证，双方之间的民间借贷法律关系成立，陈某应当偿还原告胡某的借款。根据《中华人民共和国担保法》第19条、26条规定，未约定保证责任的，依法应当视为连带责任保证；按照法律规定未约定担保期限的，债权人有权自主债务履行期届满之日起6个月内要求保证人承担保证责任。① 本案中，钟某的担保责任应当为连带责任保证，保证期为6个月，但是胡某未在规定的期限内要求钟某承担相应的担保责任，钟某的保证责任依法应当予以免除。遂判决陈某偿还胡某借款及利息；驳回胡某对钟某的诉讼请求。

【温馨提示】

当事人应当加强法律意识，按照规定在法定期限内主张有关权利，依法维护自身合法权益。

（本文原载于2015年9月14日《湖南日报》）

---

① 《中华人民共和国担保法》现已废止，相关内容归入2021年1月1日起施行的《中华人民共和国民法典》。《中华人民共和国民法典》第692条规定："债权人与保证人可以约定保证期间""没有约定或者约定不明确的，保证期间为主债务履行期限届满之日起六个月。"第693条第1款规定："一般保证的债权人未在保证期间对债务人提起诉讼或者申请仲裁的，保证人不再承担保证责任。"

08 卖家收到购房定金1万不履约，法院判决赔偿20万

何淼玲　唐文东　彭丁云

【判决结果】

长沙市天心区人民法院审理了一起"二手房"买卖纠纷案件，卖家在收到买家支付的1万元购房定金后不履行合同约定，法院一审判决卖家赔偿买家20万元违约金。

【案情回放】

2016年6月，从事厨师职业的欧阳经房产中介介绍，认识了赵某，双方签订了一份《房屋买卖合同》，约定欧阳出资175万元购买赵某位于天心区暮云镇的一栋建筑面积为215.71平方米的别墅。

合同同时约定：欧阳出资45万元，赵某出资70万元，总计115万元，以便先期对赵某房屋办理解除抵押手续（此前，该房被赵某贷款抵押在银行。）

合同签订当日，欧阳支付2万元定金给赵某，赵某实收1万元，另1万元暂存在中介公司。

双方还约定：因出卖人原因致使买受人未能在合同签订之日起70日内取得房屋所有权证书的，买受人有权单方解除合同，出卖人应当在5个工作日内将已经收取的买受人全部付款返还给买受人，并按照房屋成交总价的20%向买受人支付违约金。

随后，欧阳在交纳了2.6万元中介费后，又向某银行申请100多万元贷款，用于支付房款，获得了银行贷款审批同意。可是赵某却一直没有动静。8月底，在合同签订70日后，欧阳起诉至法院，要求与赵某解除《房屋买卖合同》，并且由赵某赔偿各项损失40多万元。

【法官说法】

审理本案的法官唐文东认为，欧阳与赵某签订的《房屋买卖合同》，是双方真实意思表示，符合法律规定，应当予以支持。由于赵某违约，欧阳向赵某提

出解除《房屋买卖合同》要求，符合合同的约定。①

　　根据《房屋买卖合同》的约定，解除合同后，赵某应当按照房屋成交总价的20%即35万元(175万元×20%＝35万元)向欧阳支付违约金。法院参照同地段、相同类型房屋的价格，一审酌情判决赵某赔偿欧阳违约金和损失总计20万元。

【温馨提示】

　　一诺千金是中华民族的传统美德。卖家将传统诚信美德置之脑后，导致违约事件发生，结果受到法律惩处。

(本文原载于2017年4月7日《湖南日报》)

---

① 《中华人民共和国民法典》第562条第2款规定："当事人可以约定一方解除合同的事由。解除合同的事由发生时，解除权人可以解除合同。"

09 车辆缺陷引发自燃，商家承担 3 倍赔偿

何淼玲　贺力平

【判决结果】

新买不久的汽车正常行驶途中发动机部位自燃而烧坏整车，经鉴定车辆存在质量缺陷，车主曾某要求汽车销售商和生产厂家"退一赔三"。邵阳市双清区人民法院审结此案，判决汽车生产厂家退还曾某购裸车款 14.6 万元，并且赔偿曾某 3 倍购车款 43.8 万元。

【案情回放】

2014 年 12 月 10 日，曾某在邵阳市以 14.6 万元的裸车价格购买了宝庆汽车某公司的一辆轿车。2015 年 8 月 25 日，曾某的弟弟驾驶该车由娄底开往长沙，在距娄底收费站 3 公里处，车身突然发生自燃，发动机舱被烧毁。事故发生后，曾某要求该车的销售商和生产厂家赔偿，双方协商未果。曾某遂将销售商和生产厂家起诉至法院。在审理过程中，曾某与销售商、生产厂家共同委托鉴定机构对涉案车辆起火原因及车辆残余价值等进行鉴定，鉴定结论为涉案车辆发动机连杆材料和金相组织不符合技术标准要求，导致该车发动机运转过程中出现连杆断裂，断裂的连杆打烂缸体，使发动机内的润滑油喷洒到正在工作的高温三元催化器上，导致汽车发动机机舱内起火。车辆维修费用已经超过购买一辆新车所需的费用，该车无任何修理价值。

【法官说法】

审理本案的法官张莉认为，《中华人民共和国消费者权益保护法》第 55 条第 1 款规定：经营者提供商品或者服务有欺诈行为的，应当按照消费者的要求增加赔偿其受到的损失，增加赔偿的金额为消费者购买商品的价款或者接受服务的费用的 3 倍。《中华人民共和国产品质量法》第 12 条规定：产品质量应当检验合格，不得以不合格产品冒充合格产品。本案中，曾某购买的汽车出现质量问题，生产厂家存在以假充真、以次充好的欺诈行为，生产厂家应当按消费者权益保护法的规定对原告曾某承担民事责任。没有证据证明销售商明知其销售的车辆不符合标准要求而进行销售，故销售商不承担赔偿责任。

【温馨提示】

汽车已进入寻常百姓家。只要消费者有证据证明商家的车辆存在以次充好、以旧充新、以假充真等欺诈行为，就可以要求销售商或者生产厂家按消费者权益保护法承担"退一赔三"的民事责任。

（本文原载于 2017 年 4 月 13 日《湖南日报》）

10 违约金基数过高，开发商"霸王条款"被判更改

何淼玲　高喜朝

【判决结果】

湘潭县一购房者李某就房款违约金一事与开发商闹上法院。湘潭县人民法院依法认定双方购房合同及补充协议中有关违约金计算的条款有失公平，对违约金基数予以更改。

【案情回放】

2012 年 11 月 29 日，李某在湘潭县天易示范区一楼盘购买了一套商品房，合同约定总房价款为 2260978 元，买受人分 3 期将购房款存入指定监管账户，出卖人应当在 2012 年 11 月 29 日前将商品房交付买受人使用。该合同对双方的违约责任进行了约定，但是在《补充协议》中却约定违约金的基数"累计应付款"是指买受人应当支付给出卖人的所有房价款，即商品房房价款的总金额，而开发商因违约支付的违约金基数仅为购房者已付的房款，而非总房款。

李某分别于 2012 年 11 月 25 日、11 月 29 日支付了 5 万元定金和 628293 元的一期购房款。李某收到交房通知后，因对房屋不满意，向开发商提出换房要求，但是双方未能达成一致意见。李某要求解除合同，没有再按约支付第二、三期购房款。双方闹上法院，李某要求开发商退回已经交的购房款，开发商则要求李某按合同约定支付 2260978 元违约金。

【法官说法】

审理本案的法官赵继荣认为，根据《中华人民共和国合同法》第 114 条规定，约定的违约金过分高于造成的损失的，当事人可以请求人民法院或者仲裁机构予以适当减少。[①] 本案中，开发商与购房者李某违约责任计算方法有差别，违反了权利义务的公平原则，依照公平对等原则，累计应付款应当是合同未履

---

① 《中华人民共和国合同法》现已废止，相关内容归入 2021 年 1 月 1 日起施行的《中华人民共和国民法典》。《中华人民共和国民法典》第 585 条第 2 款规定："约定的违约金过分高于造成的损失的，人民法院或者仲裁机构可以根据当事人的请求予以适当减少。"

行的购房款项，遂判决李某向开发商支付的违约金应当为未付房款的 10%，即 158268.5 元，并判决开发商向李某返还已经支付的购房款 678293 元。

【温馨提示】

购房者应当对合同条款进行仔细阅读，如碰到霸王条款，要敢于拿起法律武器维护自身合法权益。

（本文原载于 2015 年 8 月 8 日《湖南日报》）

11 低价购买盗抢车，贪了便宜犯了法

何淼玲　王　鹏　熊　文

【办案结果】

因贪图便宜，桃江县男子陈某科、尹某康、李某军先后购买同一辆二手面包车，未料该车系盗抢车辆。陈某科等3人被桃江县公安局依法刑事拘留。

【案情回放】

2016年12月中旬，桃江县公安局桃花江派出所民警发现一辆经常往返于桃江县城至鸬鹚渡镇的面包车十分可疑。经核查，该车系在邵阳市被盗的车辆。民警从驾驶人员李某军入手，迅速查明该车系李某军2014年3月从好友尹某康处购得，而尹某康系2013年从陈某科处购得。

2017年1月5日，民警以车找人，以人找人，将李某军、尹某康、陈某科一一抓获。经民警初审，李某军等3人对明知面包车可疑，仍然低价购买的事实供认不讳。

【民警说法】

办理本案的民警龙文辉介绍，《中华人民共和国刑法》第312条第1款规定，明知是犯罪所得及其产生的收益而予以窝藏、转移、收购、代为销售或者以其他方法掩饰、隐瞒的，处3年以下有期徒刑、拘役或者管制，并处或者单处罚金；情节严重的，处3年以上7年以下有期徒刑，并处罚金。陈某科、尹某康、李某军等3人明知车辆可疑仍然购入，他们的行为已经涉嫌构成掩饰、隐瞒犯罪所得罪。

【温馨提示】

不少人认为，只要付了钱，又不是直接从盗抢嫌疑人手中购买，交易就是合法的。民警提示，购买二手车辆一定要仔细看清手续，切忌贪图便宜购买无合法手续的车辆，不仅留下隐患，还有可能触犯法律。

（本文原载于2017年1月14日《湖南日报》）

12 金银属限制经营产品，私相买卖合同无效

何淼玲 李昭菲 曾 妍

【判决结果】

自然人之间私相购买金银产生纠纷如何处理？浏阳市人民法院依法判决双方买卖合同无效，被告邹某某返还原告石某某金银订金 25 万元。

【案情回放】

家住广州市越秀区的石某某与湖南浏阳市普迹镇的邹某某系朋友关系。2013 年 2 月 15 日，石某某向邹某某订购黄金 2 公斤、白银 25 公斤，并支付了订金 25 万元。邹某某收取订金后，一直未向石某某交货，并且以各种理由拒绝退还订金。石某某诉至法院，请求判决邹某某返还订金 25 万元。

【法官说法】

审理本案的法官李岳认为，根据《中华人民共和国金银管理条例》第 7 条规定：在中华人民共和国境内，一切单位和个人不得计价使用金银，禁止私相买卖和借贷抵押金银。这个法规系效力性强制性规定。金银是贵重金属，属于我国法律法规限制经营的物品。因此，本案中原、被告之间的私相买卖行为违反了行政法规的强制性规定，应当认定原、被告之间的买卖合同系无效合同。无效合同自始不具有法律效力，合同无效的，因该合同取得的财产，应当予以返还，故被告邹某某应当返还原告石某某订购金银款 25 万元。

【温馨提示】

生活中，不少人可能不知道，金银在我国是属于法律明令禁止私相买卖的，也不得在单位和个人之间以计价的方式进行借贷或者作为抵押；金银的收购，只能统一由中国人民银行办理。除经中国人民银行许可、委托的以外，任何单位和个人不得收购金银。

（本文原载于 2015 年 4 月 8 日《湖南日报》）

13 气枪铅弹是弹药，不办手续卖不得

何淼玲　周再明　龙益才

【判决结果】

经桃江县人民检察院提起公诉，法院以非法买卖弹药罪分别判处被告人刘某林有期徒刑4年；判处李某新有期徒刑3年，缓刑4年；判处胡某群有期徒刑2年，缓刑3年；没收李某新被查获的气枪铅弹2332发。

【案情回放】

刘某林、李某新、胡某群分别系邵东县、桃江县、益阳市城区经营文具用品的店主。2012年10月26日，在桃江县开"老牌一元店"的李某新委托在益阳市城区经营文具店的胡某群从邵东县经营文具店的刘某林处以880元的价格购入气枪铅弹11800发后，销售给小孩和"打鸟"者等人。2014年5月7日，桃江县公安局民警在李某新店中查获尚未销售的气枪铅弹2332发。经鉴定，这些气枪铅弹属于《中华人民共和国枪支管理法》规定的弹药范围。

【检察官说法】

办理本案的检察官陈翔认为，根据我国刑法规定，非法制造、买卖、运输、邮寄、储存军用子弹10发以上、气枪铅弹500发以上或者其他非军用子弹100发以上的，构成犯罪。刘某林、李某新、胡某群违反枪支管理规定，非法买卖气枪铅弹，他们的行为已经构成非法买卖弹药罪，①是共同犯罪。鉴于他们均能如实供述罪行，并且未造成严重社会危害，遂从轻作出上述判决。

【温馨提示】

如果没有依法办理相关持枪手续、未取得销售气枪铅弹的销售资格，家中尚存有气步枪、气枪铅弹等属于国家明令上缴的枪支弹药、爆炸物等危险物品，应当尽快主动上交给公安机关，以免犯罪。

（本文原载于2015年3月23日《湖南日报》）

---

① 《中华人民共和国刑法》第125条第1款规定："非法制造、买卖、运输、邮寄、储存枪支、弹药、爆炸物的，处三年以上十年以下有期徒刑；情节严重的，处十年以上有期徒刑、无期徒刑或者死刑。"

14 象牙制品换购红木家具，湖北女子长沙获刑

何淼玲　阳　勇　李　丹

【判决结果】

湖北女子姜某看中了长沙某店的红木家具，将自己收购和收藏的象牙、犀牛角制品运到长沙，准备换购红木家具，不料就此案发。长沙市雨花区人民法院以非法出售珍贵、濒危野生动物制品罪，判处姜某有期徒刑 2 年，缓刑 3 年，并处罚金人民币 6 万元。

【案情回放】

姜某是湖北大冶市人。2013 年 1 月，她多次与在长沙做红木家具生意的林某联系洽谈，准备将自己收购和收藏的象牙、犀牛角制品换购林某的红木家具。2013 年 2 月 22 日，她将一批象牙、犀牛角制品放进奥迪轿车内，运输到长沙林某家具店，正当准备交易时，被闻讯赶来的公安民警现场抓获，次日，姜某被刑事拘留。同年 2 月 26 日，姜某被逮捕。

经湖南省野生动植物司法鉴定中心和国家林业局森林公安局野生动植物刑事物证鉴定中心鉴定，其中 1 件象牙制品参考价值为 4 万余元，9 件犀牛角制品价值为 134 万元。

2014 年 2 月，长沙市雨花区人民检察院对姜某提起公诉。

【法官说法】

审理本案的法官阳勇认为，《中华人民共和国刑法》第 341 条规定：非法猎捕、杀害国家重点保护的珍贵、濒危野生动物的，或者非法收购、运输、出售国家重点保护的珍贵、濒危野生动物及其制品的，处五年以下有期徒刑或者拘役，并处罚金。本案中，姜某的行为已经构成非法出售珍贵、濒危野生动物制品罪，故依法作出上述判决。

【温馨提示】

保护珍贵、濒危的野生动植物，是每一个公民的责任。对珍贵、濒危的野生动植物，人们收藏、收购、出售或者换购时，必须依法进行，不可"任性"。

（本文原载于 2015 年 4 月 14 日《湖南日报》）

15 搞笑！快件被调包，邮寄电脑收到石头

何淼玲 李丹

【判决结果】

邮寄的是一台电脑，收到的却是一块石头。长沙市雨花区人民法院审结一起快递服务纠纷案件，当庭判决丢失快件的快递公司赔偿寄件人物品全额损失。

【案情回放】

2013年10月，长沙市民屈某花3980元购买了一台联想牌笔记本电脑，并且通过某快递公司邮寄给广东佛山市三水财经大学的亲戚朱某。朱某收到该快件后发现包裹中是一块石头。屈某遂以某快递公司为被告诉至法院，要求赔偿电脑购买费用3980元及误工费1000元。

【法官说法】

审理本案的法官欧阳毅认为，本案中，原、被告间法律关系的基本内容为被告将原告交付的笔记本电脑运输至指定收货人，原告向被告支付快递费，双方成立合同关系。依据《中华人民共和国合同法》第311条"承运人对运输过程中货物的毁损、灭失承担损害赔偿责任"之规定，①本案中，因被告的过错导致快件被调包，被告应当承担赔偿责任，原告要求赔偿物品损失费的诉讼请求应当予以支持。但是原告未向法庭提交误工损失的证明，对原告提出的赔偿误工费的请求不予支持。

【温馨提示】

近年来，快递服务行业迅猛发展，依法经营，加强管理，才能避免麻烦；诚信经营，才能赢得客户。

（本文原载于2014年4月22日《湖南日报》）

---

① 《中华人民共和国合同法》现已废止，相关内容归入2021年1月1日起施行的《中华人民共和国民法典》。《中华人民共和国民法典》第832条规定："承运人对运输过程中货物的毁损、灭失承担赔偿责任。但是，承运人证明货物的毁损、灭失是因不可抗力、货物本身的自然性质或者合理损耗以及托运人、收货人的过错造成的，不承担赔偿责任。"

16 古玩市场有猫腻，赝品冒充古董出售被判刑

何淼玲 陆 义

【判决结果】

湘乡市一无业市民李某买回两个工艺鼎，然后用黄泥巴涂满鼎身，冒充"古董"卖给他人获取 16 万元暴利。湘乡市人民法院一审以诈骗罪判处李某有期徒刑 3 年 6 个月，并处罚金人民币 2 万元。

【案情回放】

2011 年 2 月，家住湘乡市新湘路壕塘社区的李某，花 8000 元从安徽蚌埠市一古玩城买回两个工艺鼎，回来后用黄泥巴涂满鼎身，使其看起来更像"古董"。家住湘乡市潭市镇的易某是个古玩爱好者，听李某说这两个鼎都是从地下挖出来的古物，便信以为真，以 16 万元买下。李某将这 16 万元供自己挥霍和还高利贷。2011 年 5 月，意识到被骗的易某向公安机关报案，但是此时李某已经不知去向。李某被列入网上追逃对象。同年 6 月底，他在长沙乘火车时被公安机关抓获。

【法官说法】

审理本案的法官易军湘认为，诈骗罪是指以非法占有为目的，用虚构事实或者隐瞒真相的方法，骗取数额较大的公私财物的行为。《中华人民共和国刑法》第 266 条规定："诈骗公私财物，数额较大的，处三年以下有期徒刑、拘役或者管制，并处或者单处罚金；数额巨大或者有其他严重情节的，处三年以上十年以下有期徒刑，并处罚金。"诈骗公私财物 3 万元以上的，属于"数额巨大"。本案中，李某的行为已经构成诈骗罪，依法应当受刑事处罚。

【温馨提示】

古玩市场猫腻多，谨防受骗。

（本文原载于 2013 年 12 月 9 日《湖南日报》）

17 液化气中掺杂二甲醚，黑心商贩被逮捕

何淼玲　陈钢柱

【办案结果】

利欲熏心，在液化气中掺杂二甲醚的犯罪嫌疑人王某(临湘市人)、艾某(岳阳市云溪区人)，被临湘市人民检察院以涉嫌生产、销售伪劣产品罪依法批准逮捕。

【案情回放】

2011 年 4 月至 2012 年 3 月，王某在其经营的某燃气公司和液化气站销售掺杂了二甲醚的液化气 1527 吨，销售金额 950 多万元。经湖南省燃气燃具及能源产品质量监督检验授权站检验，销售的液化气中二甲醚含量高达 17.0(W/W)，明显不符合国家标准和相关规定，鉴定为不合格产品。艾某明知王某在销售的液化气中掺杂二甲醚，仍然在为王某购买液化气 1301 吨的同时，购买二甲醚 226 吨，先后 103 次帮王某把二甲醚掺杂到液化气里，非法获利 11 万余元。

【检察官说法】

办理本案的检察官汪桦认为，生产、销售伪劣产品罪，是指生产者、销售者在产品中掺杂、掺假，以假充真，以次充好或者以不合格产品冒充合格产品，销售金额 5 万元以上的行为。按照国家有关规定，液化气中二甲醚的含量不能超过 3.0(W/W)，王某、艾某销售的液化气中二甲醚含量高达 17.0(W/W)，明显超标。

判断某一行为是否构成生产、销售伪劣产品罪，还取决于销售金额。《中华人民共和国刑法》第 140 条规定，"生产者、销售者在产品中掺杂、掺假，以假充真，以次充好或者以不合格产品冒充合格产品，销售金额 5 万元以上不满 20 万元的，处 2 年以下有期徒刑或者拘役，并处或者单处销售金额 50%以上二倍以下罚金；销售金额 200 万元以上的，处 15 年有期徒刑或者无期徒刑，并处销售金额 50%以上二倍以下罚金或者没收财产"。王某、艾某销售掺杂了二甲

醚的液化气 1527 余吨, 销售金额达 950 多万元, 数额特别巨大, 他们的行为已经涉嫌构成生产、销售伪劣产品罪。

【温馨提示】

液化气的使用关系到千家万户的生命财产安全, 奉劝不法经销商不要以身试法。

（本文原载于 2012 年 4 月 30 日《湖南日报》）

18 微商贩卖淫秽电影，栽了

何淼玲　陆　义

【判决结果】

经桃源县人民检察院提起公诉，该县法院以贩卖淫秽物品牟利罪判处被告人张某有期徒刑 1 年，缓刑 1 年，并处罚金 1 万元。

【案情回放】

张某自 2016 年 5 月开始做微商，发现通过微信贩卖淫秽电影容易赚钱，遂起意贩卖。她从其他微信好友处购得大量淫秽电影视频储存在自己的百度云盘中，将自己使用昵称为"蔷薇花""桃花+电影""静静+电影"的微信号在自己的手机上登录注册，将昵称为"桃花+电影"的微信号专门用作贩卖淫秽电影视频的交流平台和工具，通过该微信号搜索附近的人添加为好友后，在朋友圈发布推荐淫秽电影视频信息，以淫秽视频电影 1 部 10 元、2 部 15 元、3 部 20 元的价格，采取微信红包转账交易后发淫秽电影链接和共享百度云账号的方式，向袁某等人共贩卖淫秽电影视频文件 21 个；向刘某等人共贩卖淫秽电影视频文件 38 个，其中被公安机关提取 32 个，经公安机关审查鉴定，这 32 个视频文件中有 25 个不重复的视频文件，为淫秽物品。

【检察官说法】

办理本案的检察官艾兴华认为，《中华人民共和国刑法》第 363 条第 1 款规定："以牟利为目的，制作、复制、出版、贩卖、传播淫秽物品的，处三年以下有期徒刑、拘役或者管制，并处罚金；情节严重的，处三年以上十年以下有期徒刑，并处罚金；情节特别严重的，处十年以上有期徒刑或者无期徒刑，并处罚金或者没收财产。"通过 QQ、微信等即时通信软件向他人发送淫秽图片、音频、视频等电子信息，与在网站、论坛等网络平台上发布淫秽电子信息一样属于违法行为，情节严重可以构成犯罪。

【温馨提示】

现在有很多人在做"微商"，一定要依法经营。同时，广大网民也要自觉做到不点击、不下载、不传播淫秽电子信息，遇有不良网站链接和淫秽色情信息要及时举报，共同营造健康文明的网络文化环境。

（本文原载于 2017 年 2 月 11 日《湖南日报》）

19 淘宝店主网上无证卖书，法院认定非法经营

何淼玲　陆　义

【判决结果】

淘宝店主在未取得经营许可证和未办理工商登记的情况下，私自利用家中电脑在淘宝网上经营书店进行牟利。华容县人民法院以非法经营罪判处被告人雷某有期徒刑 2 年，缓刑 2 年 6 个月，并处罚金人民币 3 万元，对扣押在案的笔记本电脑和电脑主机各一台予以没收。

【案情回放】

2013 年 4 月至 8 月，华容县人雷某在未取得出版物经营许可证和未办理工商注册登记的情况下，在淘宝网上注册账号经营网络书店"状元书阁"，通过支付宝账号与客户进行资金结算。雷某接受客户订单后，从台湾"博客来"购物网站购进书籍存放于其租赁的华容县城关镇一中附近的仓库，通过快递发往各地。2013 年 4 月 1 日至 8 月 28 日，雷某通过网络非法从事出版物发行，销售金额共计人民币 741201.45 元。

【法官说法】

审理本案的法官袁芬认为，雷某违反国家规定，非法从事出版物的发行业务，扰乱市场秩序，情节严重，雷某的行为已经构成非法经营罪。鉴于雷某到案后如实供述自己罪行，是坦白，可以从轻处罚，并且有悔罪表现，没有再犯罪的危险，宣告缓刑对所居住的社区没有重大不良影响，可以依法宣告缓刑。

【温馨提示】

时下，在网上开店的人越来越多，一定要规规矩矩，依法经营。

（本文原载于 2015 年 8 月 24 日《湖南日报》）

20 网络购物起纷争，官司该到哪里打？

何淼玲 陆 义

【办案结果】

临澧县人民法院审理原告汪某某和被告安徽某公司网站购物合同纠纷一案，裁定该院对该案具有管辖权。

被告在提交答辩状期间，对管辖权提出异议，认为本案不属于网络购物合同纠纷，而是产品、服务质量引起的侵权争议，侵权行为地在安徽省宿松县，本案应当由被告住所地宿松县人民法院管辖。

【案情回放】

汪某某住澧县澧阳镇。2016 年 10 月 24 日，他在天猫网站购物平台中向昵称为"美代食品旗舰店"的卖家购买饼干若干，花去 4758 元。汪某某收到饼干后，查看产品包装标签发现该产品虽然强调无蔗糖，但是并未标示蔗糖或者糖的含量，违反了食品安全国家标准。

为维护自身合法权益，汪某某提起诉讼，请求法院判决被告退货退款，并由被告赔偿原告 47580 元。

安徽某公司认为本案不属于网络购物合同纠纷，而是产品、服务质量引起的侵权争议，侵权行为地在安徽省宿松县，本案应当由被告住所地宿松县人民法院管辖。

【法官说法】

审理本案的法官卞林枝认为，汪某某通过天猫网站购物平台从安徽某公司购买商品后发生纠纷，该诉争是通过信息网络方式订立的网络购物合同引发的纠纷，不是产品、服务质量引起的侵权纠纷，且该合同标的物系通过快递方式送达，订单地址显示的收货地点为临澧县。

《中华人民共和国民事诉讼法》第 23 条规定：因合同提起的诉讼，由被告住所地或者合同履行地人民法院管辖。《最高人民法院关于适用〈中华人民共和国民事诉讼法〉的解释》第 20 条规定：以信息网络方式订立的买卖合同，通过信息网络交付标的的，以买受人住所地为合同履行地；通过其他方式交付标的的,收货地为合同履行地。本案中,网络购物合同约定的收货地点位于临澧县人民法院辖区内,因此该院对该案具有管辖权,驳回被告安徽某公司提出的管辖权异议。

【温馨提示】

商家应当依法经营自己的产品,试图玩模糊概念或打"擦边球",只会给自己带来麻烦。

(本文原载于 2017 年 1 月 24 日《湖南日报》)

21 儿童买糍粑被油烫伤，摊主被判赔1.6万

何淼玲 曾妍 李婵

【判决结果】

儿童买糍粑被油烫伤，摊主未尽安全保护义务被判担责。临武县人民法院判决陈某夫妇赔偿原告杜某各项损失共计1.6万余元。

【案情回放】

2014年6月9日早上，临武县舜峰镇二居委会南塔社区6岁的杜某在陈某夫妇的摊子上买油炸糍粑，买好后就在摊子旁边吃边玩。这时，一名男子骑着摩托车也来买糍粑，因为摩托车没有停稳而将油锅撞翻，造成杜某九级伤残。事发后，骑摩托车的男子不知去向，公安机关查找无果。

经查，陈某夫妇开设的摊点没有名号，也没有办理登记或者审批手续，店面所处的街道未设立专门的人行道，人车较多，且陈某夫妇把炸糍粑的煤炭火炉和油锅摆在门面外，未设立安全警示标志，也未采取安全防护措施。杜某父母遂将摊主陈某诉至法院，要求赔偿损失11万元。

【法官说法】

审理本案的法官文拥军认为，《中华人民共和国侵权责任法》第6条规定："行为人因过错侵害他人民事权益，应当承担侵权责任。"[1]杜某被烫伤的主要原因，是摩托车将用于炸糍粑的油锅撞翻，而陈某夫妇明知自己经营的摊点处于较繁华的地段，也明知炸糍粑有一定的危险性，但是仍然将炸糍粑的煤炭火炉和油锅摆在门面外，既未设立安全警示标志，也未采取安全防护措施，存有一定过错，也是导致杜某被烫伤的原因。在骑摩托车的男子尚不能确定的情况下，陈某夫妇应当负担20%的赔偿责任。

---

[1] 《中华人民共和国侵权责任法》现已废止，相关内容归入2021年1月1日起施行的《中华人民共和国民法典》。《中华人民共和国民法典》第1165条第1款规定："行为人因过错侵害他人民事权益造成损害的，应当承担侵权责任。"

【温馨提示】

在公共场合从事具有一定危险性的经营活动，除了需要具备一定的营业资质外，还需要承担相关的安全注意义务，否则一旦发生事故，经营者就要承担相应的法律责任。

（本文原载于 2013 年 12 月 9 日《湖南日报》）

第六部分

涉黑、涉恶、抢劫、盗窃、诈骗类

01

攫取不义之财，涉黑"矿老板"尚某、吴某等被执行死刑

何淼玲　刘晓芬

【办案结果】

2020 年 9 月 9 日，湖南省高级人民法院依法对尚某、吴某等 23 人犯组织、领导、参加黑社会性质组织，故意杀人等罪一案作出二审判决，裁定驳回上诉，维持原判。对上诉人尚某、吴某、伍某的死刑裁定，依法报请最高人民法院核准。11 月 30 日，遵照最高人民法院下达的执行死刑命令，娄底市中级人民法院依法对罪犯尚某、吴某、伍某执行死刑。

【案情回放】

法院经审理查明，自 20 世纪 90 年代，尚某开始在花垣县经营采矿行业。他一边网罗社会人员，充实扩大自己力量，一边拉拢国家工作人员，编织"关系网"，逐渐形成了以尚某、吴某为组织者、领导者的黑社会性质组织。

2020 年 7 月 30 日，娄底市中级人民法院对尚某、吴某等 23 人组织、领导、参加黑社会性质组织，故意杀人等罪一案作出一审判决。尚某、吴某犯组织、领导黑社会性质组织罪、故意杀人罪等罪，数罪并罚，决定执行死刑，剥夺政治权利终身，并处没收个人全部财产；伍某犯参加黑社会性质组织罪、故意杀人罪等罪，数罪并罚，决定执行死刑，剥夺政治权利终身，并处罚金人民币 10 万元；对其他被告人分别判处无期徒刑至有期徒刑 8 年不等的刑罚，并处没收个人财产或者罚金；对各被告人的违法所得均依法予以追缴。一审宣判后，尚某、吴某等 9 名被告人不服，提出上诉。

8 月 27 日，湖南省高级人民法院院长田立文担任审判长，在娄底市中级人民法院二审公开开庭审理此案。

【法官说法】

审理本案的法官认为，该案共涉及 21 个罪名、64 起违法犯罪事实。该黑社会性质组织有组织地实施故意杀人、故意伤害、非法采矿等违法犯罪活动 43

起，致 3 人死亡，1 人重伤，1 人轻伤。同时，该组织成员还实施故意杀人、抢劫、非法拘禁等非组织犯罪 21 起，致 2 人死亡，3 人重伤。湖南省高院认为，原审判决认定的犯罪事实清楚，证据确实、充分，定罪准确，量刑适当，审判程序合法，遂依法作出上述裁定。

【温馨提示】

扫黑除恶，大快人心。人为财死，鸟为食亡。君子爱财，取之有道。不义之财，害人害己。

（本文原载于 2020 年 9 月 9 日湖南法院网）

02 执法犯法，公安局副局长竟充当黑社会"保护伞"

何淼玲　陶　琛

【判决结果】

2020 年 6 月 16 日，泸溪县人民法院公开宣判吉首市公安局原党委委员、副局长石某贪污、受贿案，以贪污罪、受贿罪判处石某有期徒刑 6 年 6 个月，并处罚金 50 万元；对石某违法所得未退缴部分，依法予以收缴，上缴国库。

【案情回放】

法院经审理查明，2010 年至 2017 年，石某利用担任吉首市公安局交通管理大队大队长职务上的便利，安排他人通过虚造工程项目、虚增工程量、虚开发票报账等方式，单独或者伙同他人非法占有公共财物共计人民币 44.7462 万元；2003 年至 2019 年，石某利用担任吉首市公安局刑侦大队副大队长，红旗门派出所所长，交通管理大队大队长，党委委员、副局长等职务上的便利，为有关单位和个人谋取利益，并为鲁某等人的黑社会性质组织提供帮助和关照，充当"保护伞"，非法收受他人财物，共计折合人民币 182 万元。

【法官说法】

审理本案的法官认为，被告人石某的行为已经构成贪污罪、受贿罪。[①] 鉴于石某到案后如实交代大部分未被掌握的同种受贿犯罪事实，并且主动交代了贪污的犯罪事实，认罪悔罪，石某的家属代为退缴违法所得 115.2 万元，依法可以对石某从轻处罚，遂作出上述判决。

【温馨提示】

身为公安局副局长，他的职责之一是努力扫黑除恶，保一方百姓平安。石某却充当黑社会性质组织"保护伞"，执法犯法，锒铛入狱，得不偿失。

（本文原载于 2020 年 7 月 17 日湖南法院网）

---

① 《中华人民共和国刑法》第 382 条第 1 款规定："国家工作人员利用职务上的便利，侵吞、窃取、骗取或者以其他手段非法占有公共财物的，是贪污罪。"《中华人民共和国刑法》第 385 条第 1 款规定："国家工作人员利用职务上的便利，索取他人财物的，或者非法收受他人财物，为他人谋取利益的，是受贿罪。"

03 官员充当"保护伞"，涟源市政协原主席贺某获刑 8 年

何淼玲　陶　琛

【判决结果】

2020 年 6 月 30 日，冷水江市人民法院公开宣判娄底市第五届政协原委员、常委，涟源市政协原党组书记、主席贺某受贿并且充当黑社会性质组织"保护伞"一案。贺某被判处有期徒刑 8 年，并处罚金 50 万元。

【案情回放】

法院经审理查明，被告人贺某利用先后担任涟源市古塘乡党委书记、涟源市桥头河镇党委书记、涟源市委常委、常务副市长、涟源市政协党组书记、主席等职务便利，在工程承包、人事调整、干部提拔等方面为他人谋取利益，收受单位及他人人民币、港币、名牌手表等价值财物合计 280 余万元，并且充当以李某为组织者、领导者的黑社会性质组织"保护伞"。

【法官说法】

审理本案的法官认为，被告人贺某身为国家工作人员，利用职务之便，非法收受他人财物，数额巨大，为他人谋取利益，其行为构成受贿罪，并且为黑社会性质组织组织者、领导者李某提供庇护，充当黑社会性质组织"保护伞"，从重处罚；同时具有认罪悔罪、积极退赃等从轻情节。遂以受贿罪判处其有期徒刑 8 年，并处罚金 50 万元。

【温馨提示】

人民的公仆应该为人民服务。忘了初心，利令智昏，却充当黑社会性质组织"保护伞"，悲哀。

（本文原载于 2020 年 7 月 3 日湖南法院网）

04 恶有恶报，平江"家族式"恶势力犯罪9人获刑

何淼玲 刘高妮

【判决结果】

2020年9月15日，平江县人民法院一审公开宣判一起"家族式"恶势力犯罪集团案，以寻衅滋事罪、聚众斗殴罪、强迫交易罪、故意伤害罪、开设赌场罪、非法采矿罪、非法买卖爆炸物、非法占用农用地罪等8项罪名，判决9人1年2个月至20年不等的有期徒刑，并处罚金；其中集团首要分子李玉某被判处有期徒刑20年，并处罚金人民币272万元；重要成员李泽某被判处有期徒刑12年10个月，并处罚金4万元；共追缴违法所得共计人民币2936.4万元。

【案情回放】

法院经审理查明，自2006年以来，以李玉某纠集其侄子李泽某、李其某等人为报复童某某率人砸车事件而实施寻衅滋事犯罪为起点，通过开设赌场，允许李其某、李泽某在赌场中放水获利，李玉某逐步确立并巩固了在当地的恶势力地位。

此后至2019年长达13年的时间，李玉某利用自己的恶势力地位，纵容或者默许侄子李其某、李泽某率人在伍市镇范围内逞强立威、无事生非、暴力讨债，为扩大非法影响多次实施寻衅滋事、聚众斗殴、故意伤害等恶势力惯常实施的犯罪活动；为牟取非法利益，在平江县伍市镇石材行业等经营领域内，李玉某伙同潘岸某、李稀某多次实施强迫交易等违法犯罪活动；此外，李玉某还实施了非法采矿、非法买卖爆炸物、非法占用农用地等犯罪活动，逐步形成了以李玉某为首要分子，组织家族成员李其某、李泽某为较为固定的重要成员，李昌某、李稀某、潘岸某、李江某、练光某、童勋某为一般成员的恶势力犯罪集团。

【法官说法】

审理本案的法官认为，以李玉某为首要分子的这个家族式恶势力犯罪集团，通过有组织地实施多次犯罪活动，为非作恶，严重扰乱经济、社会生活秩序，造成了恶劣的社会影响。根据各被告人犯罪的事实、性质、情节和社会危

害程度，法院遂作出上述判决。

【温馨提示】

打虎亲兄弟，上阵父子兵。自古以来，家族如果团结，可以做许多利国利民的好事。而平江县李玉某等却纠集家族成员为恶一方，结果恶有恶报。

（本文原载于 2020 年 9 月 17 日湖南法院网）

05 横行乡里为非作恶，嘉禾 4 人被判刑

何淼玲　雷丰利

【判决结果】

2020 年 8 月，嘉禾县人民法院对被告人李某光、李某兵、李保某、李某运等 4 人涉恶势力犯罪集团案件作出一审宣判。以敲诈勒索罪、寻衅滋事罪、故意伤害罪、诈骗罪判处 4 人 2 年 6 个月至 4 年 6 个月不等有期徒刑，并处罚金 5000 元至 2 万元，追缴全部非法所得。

【案情回放】

法院经审理查明，2010 年底至 2019 年 8 月，李某光、李某运、李某兵以阻工、上访、威胁、恐吓等方式，先后向承包商、县屠宰场等索要钱财共计 24200 元。2015 年 8 月以来，李某光、李保某通过强行扣押和故意损坏施工设备等方式多次对县自来水公司城乡供水一体化供水工程进行阻工。2018 年 11 月 1 日，李某兵在屠宰场消毒点将李某仔推倒在地，致使李某仔受轻伤二级。2018 年 1 月至 2019 年 11 月，李某光经营的茂林村卫生室采取虚列药品等方式申报医保报账，违规虚列药品收费共计 29281.77 元，骗取县医保基金 20497 元。2017 年 6 月，李某兵等人在茂林村六组组长换届选举点骂人吵闹，严重扰乱选举点正常工作秩序。2018 年 8 月，在车石路动工建设时，李某光两次带人到施工现场阻工，造成恶劣社会影响。

【法官说法】

审理本案的法官认为，李某光等人纠集在一起，采取阻工、上访、威胁、恐吓等手段，在嘉禾县茂林村附近多次实施违法犯罪活动，为非作恶，欺压百姓，扰乱社会生活秩序，造成恶劣社会影响，形成了以李某光为首要分子，李某运、李某兵、李保某为成员的恶势力犯罪集团。

他们采取阻工、上访、威胁、恐吓等手段多次索要他人钱财，他们的行为

已经构成敲诈勒索罪①；李某光、李某兵、李保某借故生非，通过扣押、损坏施工设备、威胁施工人员的方式多次阻工，情节严重，他们的行为已经构成寻衅滋事罪②；李某光以非法占用为目的，虚构事实、隐瞒真相，骗取国家财产20497元，数额较大，李某光的行为已经构成诈骗罪③；李某兵故意伤害他人身体，致一人轻伤，李某兵的行为已经构成故意伤害罪④。

【温馨提示】

亲愿亲好，邻愿邻安。这是古话。李某光等4人恶势力犯罪集团却横行乡里作恶多端，终受法律惩罚。

（本文原载于2020年8月13日湖南法院网）

---

① 《中华人民共和国刑法》第274条规定："敲诈勒索公私财物，数额较大或者多次敲诈勒索的，处三年以下有期徒刑、拘役或者管制，并处或者单处罚金；数额巨大或者有其他严重情节的，处三年以上十年以下有期徒刑，并处罚金；数额特别巨大或者有其他特别严重情节的，处十年以上有期徒刑，并处罚金。"

② 《中华人民共和国刑法》第293条规定："有下列寻衅滋事行为之一，破坏社会秩序的，处五年以下有期徒刑、拘役或者管制：（一）随意殴打他人，情节恶劣的；（二）追逐、拦截、辱骂、恐吓他人，情节恶劣的；（三）强拿硬要或者任意损毁、占用公私财物，情节严重的；（四）在公共场所起哄闹事，造成公共场所秩序严重混乱的。纠集他人多次实施前款行为，严重破坏社会秩序的，处五年以上十年以下有期徒刑，可以并处罚金。"

③ 《中华人民共和国刑法》第266条规定："诈骗公私财物，数额较大的，处三年以下有期徒刑、拘役或者管制，并处或者单处罚金；数额巨大或者有其他严重情节的，处三年以上十年以下有期徒刑，并处罚金；数额特别巨大或者有其他特别严重情节的，处十年以上有期徒刑或者无期徒刑，并处罚金或者没收财产。本法另有规定的，依照规定。"

④ 《中华人民共和国刑法》第234条第1款规定："故意伤害他人身体的，处三年以下有期徒刑、拘役或者管制。"

06 行窃拒捕错上加错，构成抢劫"罪加一等"

何森玲　周再明　艾梦婕

【判决结果】

携带螺丝刀进入商店实施盗窃时被失主撞见，为抗拒抓捕竟用螺丝刀将失主及前来帮助抓捕的人刺伤。经桃江县人民检察院提起公诉，该县法院以抢劫罪判处被告人赖某有期徒刑 3 年 6 个月，并处罚金 3000 元。

【案情回放】

2014 年 1 月 20 日 23 时许，益阳市赫山区泥江口镇农民赖某窜入桃江县桃花江镇文某家一楼商店，用螺丝刀撬开卷闸门进入店内实施盗窃时，被正好回家睡觉的文某撞见。文某疾呼抓贼，赖某想逃脱，被文某紧紧抱住，村民文某某、刘某某闻讯前来帮忙抓捕。赖某持螺丝刀将文某、文某某、刘某某刺伤。3 名被害人奋力将赖某擒获并扭送到当地公安派出所。经鉴定，3 人均构成轻微伤。

【检察官说法】

办理本案的检察官龙益才认为，赖某以非法占有为目的，在实施盗窃过程中，为抗拒抓捕而当场使用暴力致 3 人轻微伤，赖某的行为已经构成抢劫罪。《中华人民共和国刑法》第 269 条规定，犯盗窃、诈骗、抢夺罪，为窝藏赃物、抗拒抓捕或者毁灭罪证而当场使用暴力或者以暴力相威胁的，依照本法关于抢劫罪的规定定罪处罚。鉴于案发后，赖某能如实供述犯罪事实，并且积极赔偿被害人医药费等部分经济损失，法院遂从轻作出上述判决。

【温馨提示】

抢劫罪是一种严重侵犯人身权利、财产权利的犯罪，历来为我国刑法重点打击。赖某作案时遇到反抗，当场实施暴力，案件性质即转化为抢劫，错上加错，罪加一等。

（本文原载于 2015 年 2 月 9 日《湖南日报》）

07 入户盗窃被发现，一口"咬"来 4 年刑

何淼玲　曾　妍　何　鑫　李　黎

【判决结果】

入户盗窃，被主人发现，为抗拒抓捕咬伤失主，导致盗贼行为从盗窃转化为抢劫，从而加重了刑事处罚。株洲市中级人民法院作出裁定，维持一审判决：以抢劫罪判处陈某有期徒刑 4 年，以盗窃罪判处陈某有期徒刑 6 个月，合并执行有期徒刑 4 年 3 个月。

【案情回放】

2012 年 7 月，居住在株洲市石峰区北山二村 23 栋的陈某，窜至石峰区田心高科园新华轨道宿舍、荷塘区湖南商业技术学院办公楼、石峰区大坝街某公司实施盗窃，分别盗得便携式 DVD 一台、笔记本电脑两台，经鉴定价值共计3940 元。在第三次行窃过程中，陈某被失主张某发现并遭遇拦截。为抗拒抓捕，他抽出随身携带的匕首相威胁，并且当场将张某咬伤。

石峰区人民法院一审认为，陈某以非法占有为目的，采取秘密手段，窃取他人财物，数额较大，构成盗窃罪；陈某为抗拒抓捕，持刀威胁并咬伤他人，又构成了抢劫罪，应当数罪并罚，遂以抢劫罪判处陈某有期徒刑 4 年，以盗窃罪判处陈某有期徒刑 6 个月，合并执行有期徒刑 4 年 3 个月。陈某认为量刑过重，向株洲中院提起上诉。

【法官说法】

审理本案的株洲中院法官彭华认为，《中华人民共和国刑法》第 264 条规定，盗窃公私财物，数额较大的，或者多次盗窃、入户盗窃、携带凶器盗窃、扒窃的，处三年以下有期徒刑、拘役或者管制；《中华人民共和国刑法》第 269 条规定：犯盗窃、诈骗、抢夺罪，为窝藏赃物、抗拒抓捕或者毁灭罪证而当场使用暴力或者以暴力相威胁的，按照本法第 263 条"以暴力、胁迫或者其他方法抢劫公私财物的，处三年以上十年以下有期徒刑，并处罚金"之规定，陈某盗窃时为抗拒抓捕，当场采取咬人的行为是一种暴力抗拒抓捕的行为，应当以抢劫罪

论处。彭华说，如果陈某不咬那一口，陈某作案案值按照盗窃罪最多判处 6 个月有期徒刑。这一咬，就使案件性质由偷盗变成了抢劫，构成抢劫罪。而抢劫罪起点刑就是 3 年以上有期徒刑。

【温馨提示】

盗窃本已犯罪，暴力拒捕使后果更严重。陈某一错再错，罪有应得。

（本文原载于 2013 年 4 月 9 日《湖南日报》）

08 用力一"推"，入户盗窃变成抢劫罪

何淼玲　尹小玲　刘晓芬

【判决结果】

李某到邻居陈某家盗窃，被回家的陈某发现，为不被抓住，他将陈某从二楼推下。这一"推"，盗窃就转化成了抢劫。茶陵县人民法院一审以抢劫罪判处李某有期徒刑 10 年，并处罚金 3000 元，赔偿陈某各项经济损失 5200 余元。

【案情回放】

1990 年 11 月出生的李某，是茶陵县枣市镇大冲村农民。2009 年 12 月 13 日，他因连续 24 小时在网吧上网，又困又饿，便想到同村 79 岁的老太太陈某家经常无人，准备到她家偷点值钱的财物。当晚 21 时，他赶到陈某家，发现果然没人，便破窗而入，在一楼厨房偷吃了点饭菜后，四处翻找财物，没有找到值钱的东西。因异常疲惫，李某竟躺在陈某的床上睡着了。第二天上午 9 时多，陈某回家准备做饭，发现少了饭菜，便到其他房间查看，只见大衣柜和抽屉均被打开，翻得一片狼藉。找到二楼时，陈某发现一名男子躲在房门后面，便抓住他的衣服。这名男子就是李某。因害怕被抓住，李某殴打陈某，抓住她的头往地下撞，并将陈某从二楼楼梯上推下，使陈某摔到一楼。经法医鉴定，陈某伤情为轻伤，共花去医药费 3800 多元。2010 年 2 月 3 日，茶陵县公安局将李某抓获。

【法官说法】

审理本案的法官认为，为打击侵犯财产犯罪，依法惩处抢劫犯罪活动，2000 年《最高人民法院关于审理抢劫案件具体应用法律若干问题的解释》规定，对于入户盗窃，因被发现而当场使用暴力或者以暴力相威胁的行为，应当认定为入户抢劫。2005 年，《最高人民法院关于抢劫、抢夺刑事案件适用法律若干问题的意见》虽然对转化抢劫的认定作出了新规定，但是仍然明确"具有'使用暴力致人轻微伤以上后果的'等情节，可以依照《中华人民共和国刑法》第 269

条之规定，以抢劫罪定罪处罚"。①

　　审理本案的法官谭艳认为，李某的行为，是一种准抢劫罪或者称为盗窃转化抢劫罪。他入户盗窃，虽然未达到"数额较大"，但是他为抗拒抓捕而当场使用暴力致人轻伤的行为，触犯了《中华人民共和国刑法》第269条"犯盗窃、诈骗、抢夺罪，为窝藏赃物、抗拒抓捕或者毁灭罪证而当场使用暴力或者以暴力相威胁的，依照《中华人民共和国刑法》第263条的规定定罪处罚"之规定，构成了抢劫罪，应当以抢劫罪追究李某的刑事责任。法院考虑到李某尚不满20岁，年龄较小，加之李某未盗窃到分文，家境贫穷，故酌情依法从轻判处李某起点刑10年。

　　【温馨提示】

　　分文未盗得，要坐10年牢。不懂法，真可怕。

（本文原载于2010年5月3日《湖南日报》）

---

① 《中华人民共和国刑法》第269条规定："犯盗窃、诈骗、抢夺罪，为窝藏赃物、抗拒抓捕或者毁灭罪证而当场使用暴力或者以暴力相威胁的，依照抢劫罪定罪处罚。"

09 以暴制暴不可取，捉贼捉成"抢劫犯"

何淼玲　郭彬彬　吴秀琼

【判决结果】

采用暴力捉贼并强行搜身，结果自己变成抢劫犯。隆回县人民法院以抢劫罪判处陈某海有期徒刑 2 年，缓刑 3 年，并处罚金 5000 元。

【案情回放】

2010 年 11 月 30 日凌晨，隆回县岩口镇毗连村的黄某梦、陈某孝(均已判刑)，得知附近村民陈某湘、陈某飞偷狗并驾摩托车往隆回县岩口镇朴塘村逃跑后，驾驶摩托车追赶，与手持杀猪刀的陈某青(已判刑)、陈某小、陈某善(均另案处理)等村民，对陈某湘、陈某飞合围后，将他们殴打、砍伤，后黄某梦等人将陈某湘、陈某飞送到岩口镇毗连村卫生室包扎。同村村民陈某海得知情况后赶到卫生室，与黄某梦等人一起将陈某湘、陈某飞强行拉上陈某孝驾驶的一辆面的车，开到隆回县与新邵县交界的偏僻山里，对陈某湘、陈某飞进行搜身，遭二人拒绝，于是再次对二人进行殴打，使他们不敢反抗。黄某梦从陈某飞和陈某湘身上强行搜出现金 1800 元、2500 元及一台手机、几张银行卡。黄某梦、陈某孝等人用从陈某湘身上搜出的手机与其家人联系，索要 4 万元赎金。当晚，陈某海等人见陈某飞、陈某湘伤势变重，在索要赎金未果后，将他们送至岩口镇一个村民家门口后逃跑。经法医鉴定，陈某湘、陈某飞均构成轻伤。

案发后，黄某梦、陈某孝等退回了抢劫犯罪的赃款给被害人。陈某海赔偿陈某飞经济损失 6000 元，赔偿陈某湘经济损失 2000 元，并得到二人谅解。

【法官说法】

审理本案的法官罗教书认为，《中华人民共和国刑法》第 263 条规定：以暴力、胁迫或者其他方法抢劫公私财物的，处三年以上十年以下有期徒刑，并处罚金。本案中，陈某海以非法占有为目的，采取暴力手段劫取他人财物，陈某海的行为已经构成抢劫罪。鉴于陈某海是从犯，被害人陈某飞、陈某湘偷狗本身也有一定过错，双方就民事赔偿达成协议，遂依法从轻判处陈某海缓刑。

【温馨提示】

当自身或者他人合法权益受到侵害时，要通过正当、理性、合法手段维权，以暴制暴、以牙还牙只会害人又害己。

（本文原载于 2012 年 6 月 17 日《湖南日报》）

10 一双棉袜仅值5元，为何构成盗窃罪？

何淼玲　田　群　陈　林

【判决结果】

虽然盗窃的是一双棉袜，只值5元，但是被告人的行为已经构成盗窃罪。怀化市鹤城区人民法院以盗窃罪判处吴某、莫某拘役各4个月，并各处罚金人民币3000元。

【案情回放】

2012年12月9日，鹤城区贺家田乡板栗坪村莫某与会同县广坪镇铁炉头村吴某通过前期踩点，窜至鹤城区香洲苑小区内，利用作案工具，将该小区一户居民房门打开后入户盗窃。刚进门，就发现房主回来了，于是只"带"了双价值5元的棉袜匆匆离开。吴某逃至房外楼梯口时被业主发现，业主与保安将吴某抓获，从他身上搜出袜子一双。

案发后，吴某家属主动赔偿了业主300元，取得了谅解。莫某也被公安机关抓获。

【法官说法】

审理本案的法官田群认为，吴某、莫某以非法占有为目的，合谋入户秘密窃取私有财物，吴某、莫某的行为已经构成盗窃罪。在共同犯罪中，两名被告人均是犯罪行为的实施者，起主要作用，是主犯。鉴于被告人认罪态度较好，依法可以从轻处罚，遂依据《中华人民共和国刑法》第264条"盗窃公私财物，数额较大的，或者多次盗窃、入户盗窃、携带凶器盗窃、扒窃的，处三年以下有期徒刑、拘役或者管制，并处或者单处罚金"之规定，作出上述判决。

【温馨提示】

手莫伸，伸手必被捉。吴某、莫某虽然只盗得一双价值5元的袜子，但是他们已经实施了入户盗窃的犯罪行为，理应受到惩罚。

（本文原载于2013年4月1日《湖南日报》）

11 盗窃 2 双鞋，获刑 9 个月

何淼玲 贺力平

【判决结果】

一男子与妻子吵架后心情郁闷，就到一鞋店偷盗两双鞋，虽然价值只有 100 元，但是查明该男子在一年内 3 次盗窃，应当以盗窃罪追究刑事责任。邵阳市双清区人民法院一审以盗窃罪判处被告人李某有期徒刑 9 个月，并处罚金 1000 元。

【案情回放】

2015 年 10 月 2 日，被告人李某与妻子吵架，被妻子奚落一年到头没挣多少钱养家，他越想越气愤，遂到邵阳市双清区三眼井市场闲逛，在一家北京布鞋专卖店窃取了两双运动鞋，并被当场抓获。经鉴定，两双运动鞋价值为 100 元。

另查明，李某曾于 2015 年 5 月 9 日因盗窃被邵阳市公安局双清分局行政拘留 10 天；2015 年 9 月 6 日因盗窃被邵阳市公安局行政拘留 7 天。

【法官说法】

只偷了两双鞋，就受到这么重的处罚，到底亏不亏？审理本案的法官邓莉认为，《中华人民共和国刑法》第 264 条第 1 款规定：盗窃公私财物，数额较大的，或者多次盗窃、入户盗窃、携带凶器盗窃、扒窃的，处 3 年以下有期徒刑、拘役或者管制，并处或者单处罚金。所谓多次盗窃，指两年以内盗窃 3 次以上，并且不论金额大小，即可以构成盗窃罪。本案中，李某先后两次因盗窃被司法机关拘留，这次又实施盗窃，两年内达到了 3 次，符合盗窃罪的构成要件，法院遂作出上述判决。法律的这一规定，从以前单看盗窃赃物价值多少到结合金额、盗窃次数、是否入户、是否扒窃等来定罪量刑，加大了打击力度，有效地保护了人民群众财产安全。

【温馨提示】

勿以恶小而为之。坏事要从小事开始防范，否则积少成多，量变引起质变，受到法律追究。

（本文原载于 2016 年 3 月 3 日《湖南日报》）

12　扒窃入刑，盗走 195 元获刑 6 个月

何淼玲　肖　瑛

【判决结果】

江华瑶族自治县人民法院审理了一起盗窃案件。扒窃 195 元的陈某某犯盗窃罪，被判处有期徒刑 6 个月，并处罚金 1000 元。

【案情回放】

2016 年 3 月 25 日 9 时许，在江华瑶族自治县某菜市场内，陈某某到处晃悠，突然发现盘某外套口袋露出一些现金，便尾随盘某到一菜摊处，趁盘某弯腰买菜之际将盘某口袋内 195 元现金盗走。陈某某当场被路过群众抓获，扭送到公安机关。在抓获过程中，陈某某将扒窃的现金丢在地上。另查明，陈某某因犯盗窃罪于 2014 年 12 月 23 日被判处拘役 3 个月，并处罚金 2000 元。

【法官说法】

审理本案的法官陈箐认为，《中华人民共和国刑法》第 264 条规定："盗窃公私财物，数额较大的，或者多次盗窃、入户盗窃、携带凶器盗窃、扒窃的，处三年以下有期徒刑、拘役或者管制，并处或者单处罚金。"因此，只要行为人实施扒窃行为，无论金额大小，都构成犯罪。本案中，陈某某虽然扒窃的金额不是很大，但是仍然构成犯罪。陈某某到案后能如实供述自己的犯罪事实，并且未给被害人造成损失，依法可以对陈某某从轻处罚。但是陈某某有犯罪前科，综合上述情节，法院最终作出上述判决。

【温馨提示】

扒窃已经入刑，无论窃得金额多少均构成犯罪。奉劝不走正道者千万不要因一时贪念将自己送进监狱。

（本文原载于 2017 年 2 月 25 日《湖南日报》）

13　不管金额和次数，只要扒窃即追刑

何淼玲　彭湘军

【判决结果】

株洲市天元区人民法院首例"扒窃入刑"案一审宣判。扒窃一台价值 380 元手机的钟某被法院以盗窃罪判处拘役 5 个月，并处罚金 1000 元。

【案情回放】

2011 年 12 月 12 日，醴陵市军山乡西南桥村庵里组农民钟某，在湖南工业大学五食堂假装用餐，趁人多拥挤之际，扒得黄同学手机一台，被民警当场抓获，手机被追回并发还给黄同学。经鉴定，该手机价值 380 元。此前，钟某因盗窃、扒窃违法犯罪，多次被行政拘留和判处刑罚。

【法官说法】

审理本案的法官认为，2011 年 5 月 1 日《中华人民共和国刑法修正案(八)》实施前，刑法第 264 条只规定了两种情形构成盗窃罪，即"盗窃公私财物，数额较大或者多次盗窃的"，并未就扒窃行为单独进行规定，而是参照'盗窃公私财物，数额较大的'这一项。在湖南，盗窃公私财物入刑的标准是 1000 元。也就是说，《中华人民共和国刑法修正案(八)》实施前，要盗窃或扒窃价值 1000 元的财物才能入刑。钟某扒窃的违法所得为 380 元，达不到盗窃罪的构罪标准。

从 2011 年 5 月 1 日起实施的《中华人民共和国刑法修正案(八)》对刑法第 264 条作了修改，修改后的原文是——"盗窃公私财物，数额较大的，或多次盗窃、入户盗窃、携带凶器盗窃、扒窃的，处三年以下有期徒刑、拘役或者管制，并处或者单处罚金。"也就是说，修改后的刑法已经把"扒窃"作为一种新的盗窃罪构成方式，不再受金额或者次数的限制，只要完成了扒窃行为，不论涉案

金额和次数多少，都将被追究刑事责任。①

法院认为，钟某以非法占有为目的，采取秘密手段，扒窃他人财物，钟某的行为已经构成盗窃罪。鉴于钟某归案后能自愿认罪，并且被盗手机被追回发还给被害人，遂依法酌情从轻处罚，作出上述判决。

【温馨提示】

只要是扒窃行为，不论涉案金额和次数多少，都将被追究刑事责任。奉劝那些不劳而获的扒手不要以身试法。

（本文原载于 2012 年 4 月 27 日《湖南日报》）

---

① 《中华人民共和国刑法》第 264 条规定："盗窃公私财物，数额较大的，或者多次盗窃、入户盗窃、携带凶器盗窃、扒窃的，处三年以下有期徒刑、拘役或者管制，并处或者单处罚金；数额巨大或者有其他严重情节的，处三年以上十年以下有期徒刑，并处罚金；数额特别巨大或者有其他特别严重情节的，处十年以上有期徒刑或者无期徒刑，并处罚金或者没收财产。"

14 丢包、捡包再调包，"把戏"套路深，法律不容情

何淼玲 邓 晗

【判决结果】

沅陵县人民法院以盗窃罪，分别判处被告人杨某、梁某、舒某有期徒刑 9 个月、7 个月和拘役 4 个月，并分别处罚金 4000 元、2000 元和 1000 元。

【案情回放】

洪江市托口镇人杨某、梁某密谋以"丢包、捡包、调包"手段窃取他人财物，并邀约同镇的舒某协助。3 人准备了百元假币、冥币和编织袋等作案工具，专以老年人、妇女等为目标。

2014 年 8 月 1 日，3 人来到通道侗族自治县县溪镇邮政储蓄银行旁，杨某物色了一名牵着小孩并背着黄挎包的女子吴某，上前丢包，梁某假意上前要求"分钱"，并将吴某邀至县溪大桥头老派出所的巷子里，这时杨某跟上来，说丢了 7000 元，钱上面还有电话号码，要检查吴某的包。纠缠不休时，梁某提议吴某将钱包放进"丢钱"的编织袋里，由吴某保管，骗得吴某同意，梁某调包得手盗窃吴某 5000 元后，随即和杨某逃离现场。吴某报警，3 人逃到靖州县城时被警察抓获。

2014 年 6 月 25 日至 8 月 1 日，3 人分别在沅陵县、通道侗族自治县、洞口县以上述手段实施盗窃，其中杨某参与 3 次，共计 11000 元；梁某参与 2 次，共计 7000 元；舒某参与 1 次，计 5000 元。案发后，杨某自动退还赃款 4000 元。

【法官说法】

审理本案的法官李兰认为，根据《中华人民共和国刑法》第 264 条规定，盗窃公私财物，数额较大或者多次盗窃的，处三年以下有期徒刑、拘役或者管制，并处或者单处罚金。本案中，杨某等人采取"调包"手段，秘密窃取他人财物，数额较大，他们的行为已经构成盗窃罪。

【温馨提示】

本案被告人以老年人、妇女等辨识、防范能力较弱人群为目标，利用被害人占"便宜"的心理，诱骗被害人拿出现金并调包窃取财物。天上不会掉馅饼，切莫因一时贪心上了骗子的当。

（本文原载于 2014 年 12 月 1 日《湖南日报》）

15　捡到银行卡，"捡"来数月刑

何淼玲　邱有元

【判决结果】

由江华瑶族自治县人民检察院提起公诉的被告人赵某、李某，被该县人民法院一审以信用卡诈骗罪分别判处有期徒刑 7 个月和有期徒刑 6 个月，缓刑 1 年，并各处罚金 2 万元。

【案情回放】

2016 年 1 月 4 日，赵某在江华瑶族自治县大圩镇杨某某店门口捡到杨某某的一张邮政银行卡，该卡背面写有 6 位数字，赵某将此事告诉了李某，二人猜想银行卡背面的数字就是密码，于是来到大圩镇邮政银行 ATM 机上尝试取款。输入银行卡背面的数字后，查询到卡内有现金 12920 元。二人决定将卡内的钱取出，因当时 ATM 机上无钱可取，二人便骑摩托车到相邻的广西贺州市八步区开山镇的农村商业银行跨行取款 12800 元(手续费扣了 80 元，剩余 40 元未取)后将银行卡丢弃，赵某分得 5400 元，李某分得 7400 元。2016 年 1 月 29 日，李某父亲将赃款 12880 元退至该县公安局，并由该局发还给了被害人。

【检察官说法】

办理本案的检察官潘德炳认为，信用卡诈骗罪是指以非法占有为目的，利用信用卡虚构事实，隐瞒真相，骗取公私财物数额较大的行为。根据《最高人民法院、最高人民检察院关于办理妨害信用卡管理刑事案件具体应用法律若干问题的解释》第五条第二款规定，刑法第一百九十六条第一款第(三)项所称冒用他"人信用卡"，包括"拾得他人信用卡并使用的"。① 因此，本案赵某、李某用他人遗失的银行卡提取存款超过了数额较大 5000 元的起点，他们的行为已

---

① 《最高人民法院、最高人民检察院关于办理妨害信用卡管理刑事案件具体应用法律若干问题的解释》第五条第二款规定：刑法第一百九十六条第一款第(三)项所称"冒用他人信用卡"，包括以下情形：(一)拾得他人信用卡并使用的；(二)骗取他人信用卡并使用的；(三)窃取、收买、骗取或者以其他非法方式获取他人信用卡信息资料，并通过互联网、通讯终端等使用的；(四)其他冒用他人信用卡的情形。

经构成信用卡诈骗罪。

【温馨提示】

赵某、李某拾得他人银行卡后，本应归还给失主，可是他们因一时贪念，触犯了法律，教训实在深刻。银行卡持有人应当妥善保管好自己的银行卡、存折等，不要把密码写在卡和存折上，也不要把卡和存折与身份证等有效证件放在一起，以免造成不必要的损失。

（本文原载于 2016 年 3 月 27 日《湖南日报》）

16 砸破车窗盗走名表名包，车上慎放贵重物品

何淼玲 李 宁 陈 婕

【判决结果】

砸开"悍马"车窗，盗走"GUCCI"包，却不料被巡防员撞见，盗贼弃包而逃，并以此为由，在法庭上辩称自己盗窃未遂，要求法庭轻判。长沙市雨花区人民法庭开庭审理邓某盗窃一案，驳回他盗窃未遂的辩护，一审以盗窃罪判处邓某有期徒刑 7 年，并处罚金 4 万元。

【案情回放】

2009 年 10 月 11 日凌晨 2 时许，长沙市雨花区广济桥下的停车场一片漆黑，邓某趁着夜色摸进停车区。他打着手电筒四处张望，寻找名贵车辆，一辆"悍马"牌越野车进入他视野。凑近车窗一看，一个"GUCCI"包正放在副驾驶座位上。他把这个"利好"消息告诉了在停车场外接应的同伙后，砸开车窗，将装有 40113 元人民币及一块价值 1968 元的牌男士手表的"GUCCI"包偷走。一名巡防员发现动静，闻讯赶来。跑了不到 10 米远的邓某，扔下皮包落荒而逃，但是最终被抓获归案。

【法官说法】

法庭上，邓某承认自己有罪，但是属于盗窃未遂，要求法庭从轻判决。"我在看守所里借了本《中华人民共和国刑法》看了，根据第 23 条规定，已经着手实行犯罪，由于犯罪分子意志以外的原因而未得逞的，是犯罪未遂。对于未遂犯，可以比照既遂犯从轻或者减轻处罚。我就属于这种情况。"邓某振振有词地辩解说。

究竟是盗窃未遂还是既遂？审理本案的法官罗政介绍了进行判断的法理标准，即失控加控制说。"失控加控制说是指判断所窃物是否发生位移而脱离失主的控制，并已置于被告人的实际控制之下，从而判断是未遂还是既遂。"罗政解释，"邓某如果仅仅打破了车窗，还没有拿到皮包就被发现并逃跑，那么法庭会考虑认定邓某为盗窃未遂。但是本案中，邓某已经拿到了皮包，从那一刻起，失主已经失去了对皮包的控制，而邓某已经获得了对皮包的控制，虽然途

中邓某弃包而逃，但是丝毫不影响对盗窃罪的定性，因此应当被认定为盗窃既遂。"

邓某以非法占有为目的，秘密窃取他人财物，数额巨大，邓某的行为触犯了《中华人民共和国刑法》第264条之规定，应当判处3年以上10年以下有期徒刑，并处罚金。[①] 但是考虑到犯罪被及时制止，并未对失主造成太大损失，因此法庭依法作出上述判决。

【温馨提示】

人离车锁，财物随身。警方提醒，这几年专门盗窃汽车的案件不断增多，盗贼专挑车内放有物品的小车下手，采取撬车门锁、砸车窗玻璃等手段快速盗取车内财物，给车主造成经济损失。车主应当尽可能将机动车停放在正规停车场所，避免停放在偏僻路段，并注意不要在车内放置贵重财物。

（本文原载于2010年3月28日《湖南日报》）

[①] 《中华人民共和国刑法》第264条规定："盗窃公私财物，数额较大的，或者多次盗窃、入户盗窃、携带凶器盗窃、扒窃的，处三年以下有期徒刑、拘役或者管制，并处或者单处罚金；数额巨大或者有其他严重情节的，处三年以上十年以下有期徒刑，并处罚金；数额特别巨大或者有其他特别严重情节的，处十年以上有期徒刑或者无期徒刑，并处罚金或者没收财产。"

17 伪造槟榔兑奖券行骗被刑拘

何淼玲 王 鹏 高 舒

【办案结果】

桃江县浮邱山乡男子李某酷爱吃槟榔,他见购买槟榔多、中奖的机会也多,就打起了伪造兑奖券兑换槟榔的歪主意,前后骗得6000余元。李某被桃江县公安局依法刑事拘留。

【案情回放】

习先生在桃江县城桃花江镇资江路上经营一家小型超市,有一段时间连续两次收到了一名陌生中年男子的槟榔兑奖券,每次数张。第一次习先生没在意,第二次收到兑奖券,习先生开始产生怀疑,于是拿着兑奖券向辖区桃花江派出所反映。民警通过与县城槟榔厂家联系核验,发现这些兑奖券全系伪造,并发现浮邱山乡42岁男子李某有重大作案嫌疑。2015年12月2日,民警将准备继续作案的李某抓获,当场从李某身上搜出假兑奖券50余张。据李某供述,自己酷爱吃槟榔,中奖也多,从中受到"启发",以为这是发财之道,于是开始伪造兑奖券兑换槟榔,再转手卖给别人,共非法获利6000余元。

【民警说法】

办理本案的民警熊文介绍,《中华人民共和国刑法》第266条规定:个人诈骗公私财物2000元以上的,属数额较大,处3年以下有期徒刑、拘役或者管制,并处或者单处罚金。李某伪造槟榔兑奖券非法获利6000余元,已经涉嫌诈骗罪,将面临法律制裁。

【温馨提示】

以身试法,必将受到法律制裁。广大经营者在消费者兑换中奖券时一定要仔细分辨,遇到无法辨别的奖券,应当前往相关部门进行核验,避免遭受损失。

(本文原载于2015年12月8日《湖南日报》)

18 演双簧制造"车祸"，骗取保险金获刑

何淼玲　贺力平

【判决结果】

汽车租赁公司老板唐某与保险公司定损员合谋，多次导演"车祸"骗取保险金 56192 元。2014 年 12 月 30 日，邵阳市双清区人民法院以诈骗罪判处唐某有期徒刑 1 年 6 个月，缓刑 1 年 6 个月。保险公司员工徐某和郭某也分别被判处有期徒刑 1 年，缓刑 1 年，并各处罚金 1 万元。

【案情回放】

2011 年 4 月，唐某与人共同出资成立了邵阳市某汽车租赁有限公司，唐某是公司的大股东及事务执行人。因汽车租赁经常有零部件损坏或者发生剐撞事故，唐某打起了歪主意，想伪造事故现场骗取保险金。

2012 年 7 月初，公司的一辆黑色雅阁轿车发动机烧瓦，修理费用高达 1 万多元，唐某想伪造一个车祸事故现场，向中国人民财产保险公司邵阳市分公司索赔。在与该保险公司员工徐某、郭某商议后，唐某于 2012 年 7 月 12 日深夜，伙同公司员工，用拖车将已经不能行驶的黑色雅阁轿车，从邵阳市区拖至郊区附近一个水塘边，并将该车推进水塘。伪造好事故现场后，唐某指使员工冒充驾驶员拨打保险公司电话报警，称为了避让对面驶来的摩托车，该车冲进了水塘。保险公司定损员徐某、郭某接到报警电话后赶往伪造的事故现场。为了使现场更逼真，徐某、郭某指使唐某等人将推车时车身上留下的手印用抹布擦拭干净。尔后，徐某、郭某按照保险公司理赔程序，对该伪造的车祸事故现场进行现场勘查、拍照，并填写了向保险公司索赔的申请书。

2012 年 7 月 20 日，唐某获得了保险公司的保险赔偿金 19300 元。这样里应外合骗保的"事故"还发生过 4 次。而骗到手的保险金，唐某都会给徐某和郭某几百到几千元不等的"感谢费"。

【法官说法】

审理本案的法官王亚平认为，该案为单位保险诈骗犯罪案，唐某作为公司实际执行人，伙同单位员工及他人采取伪造事故现场的手段骗取保险赔偿金，

唐某的行为构成保险诈骗罪。① 徐某、郭某身为保险事故的现场勘查人，故意提供虚假证明文件，为骗取保险赔偿金提供条件，徐某、郭某的行为亦构成保险诈骗罪，是保险诈骗罪的共犯。

【温馨提示】

当老板做生意，要走正道，如果耍小聪明，甚至走上违法犯罪道路，只会落得个"赔了夫人又折兵"的下场。

（本文原载于 2015 年 1 月 7 日《湖南日报》）

---

① 《中华人民共和国刑法》第 198 条规定："有下列情形之一，进行保险诈骗活动，数额较大的，处五年以下有期徒刑或者拘役，并处一万元以上十万元以下罚金；数额巨大或者有其他严重情节的，处五年以上十年以下有期徒刑，并处二万元以上二十万元以下罚金；数额特别巨大或者有其他特别严重情节的，处十年以上有期徒刑，并处二万元以上二十万元以下罚金或者没收财产：（一）投保人故意虚构保险标的，骗取保险金的；（二）投保人、被保险人或者受益人对发生的保险事故编造虚假的原因或者夸大损失的程度，骗取保险金的；（三）投保人、被保险人或者受益人编造未曾发生的保险事故，骗取保险金的；（四）投保人、被保险人故意造成财产损失的保险事故，骗取保险金的；（五）投保人、受益人故意造成被保险人死亡、伤残或者疾病，骗取保险金的。保险事故的鉴定人、证明人、财产评估人故意提供虚假的证明文件，为他人诈骗提供条件的，以保险诈骗的共犯论处。"

19 "克隆"微信头像冒充好友骗钱涉嫌诈骗

何淼玲　郭秀峰　黄卫国

【办案结果】

为谋财，竟"克隆"他人微信头像和昵称并模仿被"克隆"对象聊天语气骗钱，先后作案 11 次共诈骗钱财 12350 元。杨某因涉嫌诈骗罪被醴陵市人民检察院批准逮捕。

【案情回放】

杨某系醴陵市明月桥镇洪罗村人。因缺钱用，他采取冒用他人微信头像、昵称方式骗取被害人信任添加为好友，再以各种理由骗钱。2016 年 12 月 24 日晚 6 时许，杨某用自己的微信冒用其小学同学王某的微信头像、昵称，跟王某的同学李某打招呼并以王某的口吻与其聊天，然后以家中出事急需用钱为由骗取李某给他转账 3000 元。初次作案尝到甜头，杨某从此一发不可收拾。2016 年 12 月 24 日至 2017 年 3 月 25 日，他采取上述作案方式"克隆"其同学、朋友微信头像和昵称，以各种名义骗取被害人通过微信红包或者转账方式借钱给他，前后作案 11 起，共骗取李某、熊某等人现金 12350 元，将所骗钱财挥霍一空。2017 年 3 月 4 日，熊某向朋友核实发现上当受骗后，遂报警。醴陵市公安局经立案侦查于 3 月 30 日将杨某抓获。

【检察官说法】

办理本案的检察官黄卫国认为，《中华人民共和国刑法》第 266 条规定，以非法占有为目的，用虚构事实或者隐瞒真相的方法，骗取公私财物，数额较大的，构成诈骗罪。本案中，杨某冒用他人微信头像和昵称累计诈骗 11 名被害人 12350 元，已经达到数额较大标准，杨某的行为已经涉嫌诈骗罪。

【温馨提示】

在微信或者 QQ 上，不管多么熟悉的亲戚或者朋友，如果对方提出借钱、汇款、现金转账等要求时，一定要提高警惕，要通过电话或者其他方式确认真假后再出借，以免上当受骗。

（本文原载于 2017 年 4 月 27 日《湖南日报》）

20 顺手牵"牛"被起诉

何森玲　郭秀峰　何秋花

【办案结果】

回家途中，沈某看到路边田中有一头耕牛无人看管，竟见财起意将牛牵回家以 9000 元的价格卖掉。沈某因涉嫌盗窃罪被醴陵市人民检察院提起公诉。

【案情回放】

2017 年 2 月 20 日 11 时许，沈某开车从浏阳市回家，途经醴陵市李畋镇南桥村 106 国道时，看到被害人易某家的一头耕牛在国道边的一丘农田里，周边无人看管。沈某心生贪念，便将牛牵着步行两个多小时带回家中，然后再次返回将所驾驶的小车开回家。当天下午，沈某谎称该牛系抵债所得并以 9000 元的价格卖给牛贩子。易某发现牛被盗后立即报警，醴陵市公安局民警于 2 月 22 日将沈某抓获，并将所盗耕牛追回返还被害人。经鉴定，所盗耕牛价值 9570 元。

【检察官说法】

办理本案的检察官李宫苏认为，《中华人民共和国刑法》第 264 条规定，盗窃公私财物，数额较大的，或者多次盗窃、入户盗窃、携带凶器盗窃、扒窃的，处 3 年以下有期徒刑、拘役或者管制，并处或者单处罚金；数额巨大或者有其他严重情节的，处 3 年以上 10 年以下有期徒刑，并处罚金；数额特别巨大或者有其他特别严重情节的，处 10 年以上有期徒刑或者无期徒刑，并处罚金或者没收财产。本案中，沈某见财起意盗窃他人一头价值 9570 元的耕牛，已经达到数额较大的标准，应当以盗窃罪追究沈某的刑事责任。

【温馨提示】

耕牛价值高，极易被一些心存贪念的不法之徒盯上。因此，耕牛的主人应当提高警惕做好安全防范措施，也奉劝那些不法之徒莫动歪念。

（本文原载于 2017 年 4 月 21 日《湖南日报》）

21 贪图小利，老人多次"顺"走弃置物品构成盗窃罪

何淼玲　王　鹏　熊　文

【办案结果】

桃江县桃花江镇退休老人龚某在拾荒途中，多次"顺"走他人"弃置不用"的物品。龚某因涉嫌盗窃罪被桃江警方依法刑事拘留。

【案情回放】

桃江县桃花江镇男子龚某退休后闲不住，常常沿街拾荒换取零用钱。2017年3月开始，龚某发现在县城国晟名都小区附近一些空门店内，有不少建筑用的旧钢管、铁卡子无人看管，便"顺"回了家。后来在沿街拾荒途中，他发现几家汽修厂拆下的汽车轮毂弃置一旁，估计能变卖几个钱，龚某也"顺"回了家。5月22日清晨，龚某欲再次"顺"走汽车轮毂时，被汽修厂老板当场抓获，并扭送至桃江县公安局桃花江派出所。

【民警说法】

办理本案的民警龙文辉介绍，《中华人民共和国刑法》第264条第1款规定，盗窃公私财物，数额较大或者多次盗窃的，处3年以下有期徒刑、拘役或者管制，并处或者单处罚金。龚某所盗物品虽然系废旧物品，价值有限，但是龚某多次盗窃，已经涉嫌触犯刑法。

【温馨提示】

以隐秘手段窃取他人财物，虽然每次价值不大，但多次作案，亦会触犯刑法。心存侥幸、贪图小利，很可能因小失大。

（本文原载于2017年6月1日《湖南日报》）

第七部分

务工、雇佣、
工伤、劳动关系类

01 就业遭"乙肝歧视"，用人单位赔偿 5000 元

何淼玲　常　研

【办案结果】

因为被检查出为乙肝病毒携带者，体检后公司不予聘用，长沙求职者李某认为用人单位存在就业歧视，起诉到长沙市岳麓区人民法院讨公道。双方达成庭外和解，用人单位补偿李某各项损失 5000 元。

【案情回放】

2017 年 5 月，原告李某应聘被告长沙某公司人力资源专员职位，并顺利通过初试、复试。复试后，公司当场表示录用李某，并告知李某基本工资情况、福利待遇状况等。随后，李某前往公司指定的医院进行了入职体检，被查出携带乙肝病毒，公司拒绝录用。

李某认为公司以自己患有乙肝小三阳为由而拒绝录用，是对乙肝病毒携带者的就业歧视，并因此给自己造成了一定的经济损失，遂将该公司告到法院。

【法官说法】

审理本案的法官刘蜜纯认为，《中华人民共和国就业促进法》等法律法规明确规定，用人单位招用人员，不得以被招录者系传染病病原携带者为由对被招录者拒绝录用。① 本案中，长沙某公司的行为，明显违反了相关法律法规规定，故该公司应该对被招录者的损失予以补偿。

【温馨提示】

"乙肝歧视"，是因为许多人对于乙肝相关知识了解不足，而滋生和助长的疾病歧视。虽然法律法规明确规定，不得歧视乙肝病毒携带者，但是一些单位仍然变相检查乙肝等指标，甚至寻找别的理由拒录肝炎病原携带者。应聘者如果因此被拒绝录用，可以通过两种途径维权：一是向劳动人事争议仲裁委申请仲裁，二是以用人单位侵犯平等就业权为由直接向法院提起侵权诉讼。

（本文原载于 2017 年 8 月 10 日《湖南日报》）

---

① 《中华人民共和国就业促进法》第 30 条规定："用人单位招用人员，不得以是传染病病原携带者为由拒绝录用。"

"放牛娃赔不起牛"，
02 钟点工打碎雇主玉镯仅赔 3000 元

何森玲

【判决结果】

钟点工不小心打碎雇主家中一个价值不菲的玉镯，双方协商赔偿未果，雇主诉至法院，要求赔偿 6 万元。长沙市芙蓉区人民法院对该案作出一审判决，判令钟点工夏某承担轻微过失责任，赔偿雇主梁某 3000 元。

【案情回放】

梁某是一个 29 岁的雇主，夏某是一个 55 岁的钟点工。2015 年 6 月开始，夏某到梁某家做钟点工。双方约定，夏某的工作内容是做午餐和打扫房间卫生，每天工资 60 元。

2016 年 4 月 4 日 12 时许，夏某在午餐后进行房间整理，在整理客厅沙发物品时，拿起一个盒子以移动一下位置，不料盒子下半部分突然掉到沙发上，而盒子里面装的是玉镯。玉镯弹落到地板上，一下就碎了。该玉镯是梁某的男朋友丁某送给梁某的定情信物，花去 3 万元。事发时，梁某在里屋，丁某则在客厅。梁某和丁某均未提醒夏某沙发上的盒子里面装的是贵重的玉镯。

事发后，梁某要求夏某赔偿，双方协商不成，梁某报警。长沙市芙蓉区公安局文艺路派出所组织了调解，夏某只愿意赔偿人民币 1 万元，多了无力赔偿，"放牛娃赔不起牛"。梁某遂向芙蓉区人民法院提起诉讼。

【法官说法】

审理本案的法官钟建林认为，根据日常生活经验，夏某作为雇员，在从事房间卫生劳务时，对于雇主房间内的易碎物品，比如花瓶、碗钵等，应当尽一般谨慎注意义务，避免打碎致损。本案引发争议的被损玉镯，属于贵重易碎物品，梁某将该玉镯随意放在沙发上，且明明知道夏某按工作惯例会在餐后打扫卫生整理沙发上的物品，却没有及时告知夏某玉镯放在沙发上，并提醒夏某要注意玉镯的安全，据此应当认定梁某对玉镯的打碎存在重大过失，梁某应当自行承担玉镯被毁的主要责任。

夏某在整理沙发物品时,虽然不知盒子内是贵重的玉镯,但是该盒子是当天突然出现的物品,而不是平常早就存在的物品,故依日常生活经验,如果事先问一下梁某里面装的是什么东西再去拿动,也足以避免玉镯被摔碎,而夏某没有这么做,也存在未履行一般注意义务的过失,故也应当承担相应的责任。[①] 比较双方的过错大小,夏某的过失显然只是属于轻微过失。故夏某具体赔偿金额,法院酌情确定为赔偿玉镯购买价3万元的10%,即3000元,其余部分则不予支持。

【温馨提示】

现在许多家庭都请了钟点工帮忙做家务,如果双方及时相互沟通、相互提醒,发生此类纠纷的概率会大大减少。

(本文原载于2017年1月12日《湖南日报》)

---

① 《中华人民共和国民法典》第1165条规定:"行为人因过错侵害他人民事权益造成损害的,应当承担侵权责任。"

03 非法聘用印度籍男子做飞饼，被处警告和罚款

何淼玲　王　鹏

【办案结果】

桃江县公安局查处一起外国人非法就业案，"打黑工"的印度籍男子与聘用印度人做印度飞饼的涉事餐厅分别被公安机关处以 1 万元人民币罚款。

【案情回放】

2017 年 10 月 9 日，桃江县公安局人口与出入境管理大队在对辖区单位、场所进行排查时，发现县城桃花江镇雪峰山路某餐厅有外国人就业。大队民警联合桃花江派出所民警经进一步调查，发现该外籍男子无任何就业手续，却已经在餐厅非法就业半个月。民警当即将该外籍男子及餐厅负责人传唤至公安机关进行调查。经查，外籍男子来自印度，9 月 12 日旅行到达桃江县后一直在本地逗留。9 月 25 日，涉事餐厅在明知聘用外籍人员需办理外国人就业许可证而未予办理的情况下，仍然聘用该印度男子在店内制作飞饼出售。其间，印度男子一直租住在民房内，且未到居住地公安机关进行登记报告。

【民警说法】

办理本案的桃江县公安局人口与出入境管理大队民警廖敏介绍，《中华人民共和国出境入境管理法》第 80 条规定，外国人非法就业的，处五千元以上二万元以下罚款；情节严重的，处五日以上十五日以下拘留，并处五千元以上二万元以下罚款。非法聘用外国人的，处每非法聘用一人一万元，总额不超过十万元的罚款；有违法所得的，没收违法所得。因此，涉案餐厅被桃江警方依法处以行政罚款 1 万元，印度籍男子因违反外国人住宿登记规定和非法就业，被依法处以警告和罚款 1 万元。

【温馨提示】

外国人来华就业应当取得相关资质，聘请外国人工作同样必须取得相关资质，否则双方均涉嫌违法，同样会受到法律处罚。

（本文原载于 2017 年 11 月 17 日《湖南日报》）

04 雇工酒后建房摔伤，雇主伤者共同担责

何淼玲 贺力平

【判决结果】

雇工黄某在给雇主李某建造房屋时，酒后装模不慎摔伤，双方就赔偿问题协商未果，对簿公堂。邵阳市双清区人民法院一审判令雇主李某承担 60% 的赔偿责任，除去黄某住院期间已经支付的医药费用 31805 元，还应当向黄某支付 79620 元；黄某自负 40% 的责任。

【案情回放】

黄某有木工手艺，朋友李某建新房时，雇用黄某装拆模板，约定每天工资为 170 元。2013 年 1 月 20 日中午，黄某在李某家喝完酒后继续在新建房屋上装模，不慎从楼上摔下来，住进医院治疗。2014 年 9 月，经司法鉴定，黄某被评定为 8 级伤残。他向法院起诉，要求李某赔偿医药费等共计 18 万余元。

【法官说法】

审理本案的法官殷飞龙认为，《中华人民共和国侵权责任法》第 35 条规定，个人之间形成劳务关系，提供劳务一方因劳务造成他人损害的，由接受劳务一方承担侵权责任。提供劳务一方因劳务自己受到损害的，根据双方各自的过错承担相应的责任。黄某受雇于李某，接受李某安排，双方形成提供劳务的关系。李某在劳务关系中作为劳务活动的组织者、指挥者、监督者和风险的防控者，未加强对提供劳务者的安全教育和有效管理，也未采取必要的安全施工措施，负有疏于管理的责任，对黄某受伤的损害结果存在一定过错，应当承担相应赔偿责任，酌定承担 60% 的责任。黄某作为成年人且多年从事建筑行业工作，对自身安全亦有一定的注意义务，他在喝酒后继续从事高危劳动，对受伤的损害结果也存在较大过错，酌定自负 40% 的责任。

【温馨提示】

雇主要加大监督、管理力度，提供安全防护措施，防止事故发生。同时，可以购买商业保险，尽可能减少意外伤害的风险。

（本文原载于 2015 年 3 月 31 日《湖南日报》）

05 下班后去同事家玩发生车祸，不予认定工伤

何淼玲　曾　妍　常　研

【判决结果】

2013 年 12 月 25 日，就白某工伤认定一案，岳阳市中级人民法院终审判决驳回上诉，维持一审法院作出的"维持岳阳市人力资源和社会保障局作出的不予工伤认定的具体行政行为"的判决。

【案情回放】

白某系位于岳阳市区的湖南某食品有限公司员工。2012 年 11 月 13 日，他下班后骑摩托车前往同事袁某家玩，途经厂区外林角佬加油站时与一辆拖拉机相撞，造成白某重型开放性颅脑外伤。经交警部门鉴定，白某在该交通事故中负次要责任。之后，湖南某食品公司申请对白某认定工伤，岳阳市人社局于 2013 年 3 月作出不予认定工伤决定书。白某不服，向法院提起行政诉讼。岳阳市岳阳楼区人民法院一审判决维持岳阳市人社局作出的不予认定工伤的决定。白某仍然不服，向岳阳中院提出上诉。

【法官说法】

审理本案的法官陈子认为，《工伤保险条例》第 14 条(六项)规定，职工在上下班途中，受到非本人主要责任的交通事故或者城市轨道交通、客运轮渡、火车事故伤害，应该认定为工伤。对该条规定的"上下班途中"的理解，国家人力资源和社会保障部办公厅《关于工伤保险有关规定处理意见的函》有专门规定："上下班途中"是指"合理的上下班时间和合理的上下班路途"。本案中，白某在食品公司上班期间，公司为白某安排了宿舍，他也一直住在公司安排的宿舍里。事发当日，白某是去同事家玩，而非下班回家，故白某所受伤害依法不能认定为工伤。

【温馨提示】

对上下班途中的认定，关键看是否"合理合法"。下班后聚会、健身等，不能认定为合理的上下班途中。

(本文原载于 2014 年 1 月 7 日《湖南日报》)

06 下班途中发生交通事故，"一损两赔"

何淼玲　曾　妍　刘姣丽

【判决结果】

永州市某汽车修配公司的修理工蒋某应老板安排晚上到公司加班，下班回家途中遭遇车祸。获得交通事故赔偿后，蒋某向法院起诉要求该汽车修配公司在工伤保险范围内赔偿蒋某的经济损失。永州市中级人民法院终审判决支持了蒋某的诉讼请求，蒋某获得停工留薪期工资 21600 元、护理费 22248.23 元、一次性伤残补助金 41400 元，共计 85248.23 元的工伤保险赔偿金。

【案情回放】

2012 年 8 月 28 日 20 时 30 分左右，蒋某所在班组工人按公司要求来厂加班修理汽车。蒋某开始与同事一起修车，因后续事务不需那么多人手，蒋某便到办公室休息。当晚 10 时许，蒋某接听一个电话后，称有事便骑摩托车回家，途中与李某驾驶的轿车相撞，蒋某当场受伤。永州市公安局交通警察支队零陵大队认定：蒋某负事故次要责任，轿车驾驶员李某负事故主要责任。蒋某虽然进行了长期治疗，但是损伤仍然达三级伤残并伴有继发性癫痫病、语言障碍。蒋某于 2013 年 9 月向法院提起诉讼，法院判令李某赔偿其经济损失 217699.2 元，保险公司赔偿其 11 万元。因双方均未上诉，该判决已经发生法律效力。事故发生后，汽修公司给付蒋某 1 万元医疗费，其余损失没有赔付，蒋某遂向法院起诉，要求汽修公司按照《工伤保险条例》在工伤保险范围内赔偿经济损失。

【法官说法】

审理本案的法官郑冬平认为，根据《工伤保险条例》第 14 条规定，职工在上下班途中，受到非本人主要责任的交通事故或者城市轨道交通、客运轮渡、火车事故伤害的，应认定为工伤。本案中，蒋某在下班途中受伤属于工伤，汽修公司应当在工伤保险范围内赔偿蒋某的经济损失。

【温馨提示】

职工在上下班途中要注意安全，若人身受到伤害，可以根据《工伤保险条例》依法维权。

(本文原载于 2015 年 1 月 25 日《湖南日报》)

07 公务员不得兼职领报酬，遇车祸要求误工补偿被驳回

何淼玲　苏　洁

【判决结果】

公务员兼职被车撞伤，起诉肇事方要求赔偿误工费。误工费到底该不该赔？岳阳市云溪区人民法院审结一起交通事故纠纷案，对吴某要求赔偿误工损失的诉求不予支持。

【案情回放】

吴某住云溪区云溪镇，身份是公务员。他在担任国家公职期间同时被选任为某居委会组长，每月领取组长工资、误工津贴等合计1133元。2014年4月29日，骆某驾驶一辆小车行驶至云溪区炼化路荷花村管家组路段时，因操作不当，与同向行走在马路右边的吴某相撞，致吴某受伤。经鉴定，吴某因交通事故外伤致右眼失明，评定为8级伤残；脑外伤致精神障碍——记忆障碍，日常活动能力部分受限，评定为9级伤残。法院判决骆某小车投保的保险公司在交强险范围内赔偿吴某12万元，在商业三者险范围内赔偿吴某201893.66元，合计321893.66元；判决骆某赔偿吴某13677.68元。可是吴某认为，他在担任国家公职期间同时被选任为某居委会组长，每月领取组长工资、误工津贴等。车祸发生后，他住院、出院后全休共计240天，因此肇事方还应当补偿他这段时间的误工费。

【法官说法】

审理本案的代理审判员苏洁认为，《中华人民共和国公务员法》第42条规定：公务员因工作需要在机关外兼职，应当经有关机关批准，并不得领取兼职报酬。本案中，吴某非因工作需要且未经有关机关的批准在机关外兼职领取报酬的行为，违反了公务员法。且吴某遇车祸后，工资照常发放，实际工资并未受损，故对吴某主张误工费的请求不予支持。

【温馨提示】

国家明确规定，公务员不得在外兼职领取报酬。法院判决不予支持吴某误工损失的诉求完全正确。

（本文原载于2015年9月1日《湖南日报》）

08 拖欠农民工血汗钱，包工头自食其果

何淼玲　翁丽丽

【判决结果】

恶意拖欠、拒不支付农民工工资的无良包工头要注意了。永州市冷水滩区人民法院审结一起拒不支付劳动报酬案，以拒不支付劳动报酬罪判处熊某某有期徒刑 6 个月，缓刑 1 年，并处罚金人民币 5000 元。

【案情回放】

2012 年 6 月 10 日，永州市冷水滩区熊某某与冷水滩区某楼盘项目部负责人雷某某签订了一份《钢筋安装及绑扎施工协议书》，承包了 3 栋楼的钢筋制作、绑扎安装工程。熊某某聘请胡某某、黄某某等农民工来该工地从事钢筋制作等工作。到 2013 年 8 月，熊某某共拖欠胡某某、黄某某等 25 名农民工工资 107720.4 元，尔后熊某某潜逃。2013 年 10 月 25 日，永州市劳动保障监察支队对此事立案调查，并下发劳动保障监察限期改正指定书，要求熊某某收到指定书的 5 个工作日内将拖欠的工资付给劳动者。熊某某逾期未支付拖欠的工资，永州市劳动保障监察支队遂将该案移送至永州市公安局。2014 年 1 月 22 日，雷某某支付了熊某某所拖欠的农民工工资款 60120 元。同年 2 月 19 日，熊某某亲属将熊某某拖欠的剩余农民工工资款付清。

【法官说法】

审理本案的法官罗青青认为，熊某某以逃匿的方式逃避支付劳动者的劳动报酬，数额较大，经政府有关部门责令支付仍不支付，熊某某的行为已经构成拒不支付劳动报酬罪。① 鉴于熊某某能如实供述自己的犯罪事实，认罪态度较好，依法从轻作出上述判决。

【温馨提示】

拖欠劳动者血汗钱，于情于理于法都不该。熊某某自食其果，活该！

（本文原载于 2015 年 12 月 9 日《湖南日报》）

---

① 《中华人民共和国刑法》第 276 条第 1 款规定："以转移财产、逃匿等方法逃避支付劳动者的劳动报酬或者有能力支付而不支付劳动者的劳动报酬，数额较大，经政府有关部门责令支付仍不支付的，构成拒不支付劳动报酬罪，处三年以下有期徒刑或者拘役，并处或者单处罚金。"

09 拒不支付劳动报酬构成犯罪

何淼玲　邱有元

【判决结果】

由江华瑶族自治县人民检察院提起公诉的被告人刘某某，被该县法院一审以拒不支付劳动报酬罪判处有期徒刑 10 个月，并处罚金 1 万元。

【案情回放】

2013 年 7 月至 2014 年 1 月，宁乡包工头刘某某承建江华某畜牧有限公司桥市猪场第二标段土建工程，施工期间拖欠莫某某、尹某某等 11 名劳动者工资49562 元，并于 2014 年 1 月工程完工后逃匿。该县公安机关于 2014 年 10 月 9日将刘某某抓获归案。案发后，该猪场总承包人张某某帮刘某某付清了已经核实的 11 名劳动者的工资。

【检察官说法】

办理本案的检察官潘德炳认为，《最高人民法院关于审理拒不支付劳动报酬刑事案件适用法律若干问题的解释》规定，拒不支付 1 名劳动者 3 个月以上的劳动报酬且数额在 5000 元至 2 万元以上的，或拒不支付 10 名以上劳动者的劳动报酬且数额累计在 3 万元至 10 万元以上的，即构成拒不支付劳动报酬罪。刘某某以逃匿的方式逃避支付劳动者的劳动报酬，刘某某的行为已经构成拒不支付劳动报酬罪。

【温馨提示】

包工头应当守法守纪，按时支付劳动者报酬。广大农民工朋友要敢于运用法律武器，切实维护自己合法权益。

（本文原载于 2015 年 7 月 4 日《湖南日报》）

10　小学生大扫除被烧伤，学校被判负全责

何淼玲　曾　妍　周　涛

【判决结果】

小学生在大扫除中被烧伤，学校被判负全责。2015年1月27日，这起人身伤害案的判决结果已经生效。隆回县人民法院判决校方承担事故全部责任，赔偿原告奉某损失74494.87元。

【案情回放】

隆回县某完小在校五年级学生奉某被安排打扫卫生，负责打扫走廊，李某等4名同学负责垃圾池的卫生，因垃圾烧不燃，班主任老师便要学生去管理实验室的老师处拿酒精来助燃。当时班主任老师要开会，便离开了烧垃圾的现场。拿来酒精后，一名同学便将酒精倒在垃圾上并点燃了含有酒精的垃圾，火苗一下子蹿了起来，原告奉某躲闪不及被烧伤，经鉴定，被评定为七级伤残。

【法官说法】

审理本案的法官刘定凯认为，公民的生命健康权受法律保护。本案原告奉某就读的某完小为迎接上级卫生检查，安排学生搞卫生，这是一种劳动教育，对此，学校负有教育、管理职责。① 因垃圾点不燃，奉某所在班的班主任老师要求学生去实验室老师处拿酒精来助燃，酒精作为一种易燃易爆物品，应当由专人管理和操作，但是学校居然让系限制民事行为能力人的学生独自用酒精助燃烧垃圾，也没有老师在场指导，从而导致奉某受伤的事故发生，某完小在此次事故中没有尽到相应的教育、管理职责，应当承担奉某损失的全部赔偿责任。

【温馨提示】

学校在组织学生开展大扫除等活动中，有责任保护学生的人身安全，也应当经常教育孩子提高安全意识。

（本文原载于2015年1月31日《湖南日报》）

---

① 《中华人民共和国民法典》第1200条："限制民事行为能力人在学校或者其他教育机构学习、生活期间受到人身损害，学校或者其他教育机构未尽到教育、管理职责的，应当承担侵权责任。"

11 户口未迁出，就是本村人，外嫁女获土地补偿费5万

何淼玲　阳贤慧　潘彦军　周友义

【判决结果】

宁远县人民法院审理了一起原告张某某诉被告宁远县冷水镇金勾挂村2组和第三人村委会副主任张某春承地片征收补偿费用分配纠纷，一审判决由被告金勾挂村2组给付张某某集体土地片征收补偿费5万元，由张某春协助给付。

【案情回放】

1988年出生的张某某在1994年参加了村组农村土地改革，并且分配了承包田地。她于2013年5月与同镇中心铺村的黄某某结婚，生有一个女儿。张某某结婚后并没有将户口从冷水镇金勾挂村迁到自己丈夫所在村，而是将丈夫黄某某和女儿的户口均登记在张某某所在地即冷水镇金勾挂村。张某某是户主，且张某某一家一直在金勾挂村生活，并以他们承包经营的土地作为基本生活保障。

在2013年下半年，宁远县政府征用冷水镇金勾挂村2组的集体土地348亩，其中承包到户的土地71亩，集体水田90亩，片地补偿金额7959157元，其中集体土地补偿款5384447元，转入了小组指定的账户，并由第三人张某春实际保管且负责2组集体土地补偿款的分配事宜。在张某春组织安排下，分别于2014年11月6日、2015年8月2日召开全组村民大会，制定了两次分配方案，但是在这两次分配方案中，张某某均未被列入分配名单当中。

【法官说法】

审理本案的法官谢钟银认为，农民集体所有的不动产和动产，属于集体经济组织成员集体所有。集体经济组织、村民委员会或者其他负责人作出的决定损害了集体经济组织成员合法权益的，受损害的集体经济组织成员可以请求人民法院予以撤销。

根据《最高人民法院关于审理涉及农村土地承包纠纷案件适用法律问题的解释》第24条之规定，在征地补偿安置方案确定时，具有本集体经济组织成员资格的人，请求支付相应份额，应予支持。本案中，公安部门的常住人口登记

卡显示，原告张某某的户口登记在冷水镇金勾挂村 2 组，一直未迁出，她在1994 年参加了村组深化农村土地改革且分配了承包田地并领取了承包田地征用补偿费。张某某已经结婚是事实，但是男方到女方家落户，全家都在冷水镇金勾挂村 2 组生活，并以他们承包经营的土地作为基本生活保障，充分证明张某某家系被告金勾挂村 2 组所在地集体经济组织成员，理应享有与该村村民同样的土地补偿款的分配权。因此，法院依法作出上述判决。

【温馨提示】

在依法治省、依法行政的今天，一切应依法办事，而不应搞男女有别的门户之见。

（本文原载于 2013 年 3 月 20 日《湖南日报》）

13 好友重逢强劝酒，醉酒摔伤共担责

何淼玲　张　黎

【办案结果】

津市市人民法院对一起因聚会劝酒引发的人身损害赔偿纠纷案进行调解，劝酒者赔偿损失 3000 元。

【案情回放】

56 岁的老王(住津市市西河街)和 55 岁的老张(住津市市车胤大道)，均无固定职业。2012 年国庆节期间，10 多年未见面的两人在街上偶遇，久别重逢，便相约到酒店吃饭。席间，不胜酒力的老王在老张的频频敬酒之下，硬着头皮饮酒。吃完之后，便各自回家。回家途中，老王因醉酒摔伤致腿部骨折，入院治疗 15 天，花去医疗费 7000 多元。老王出院后找到老张，要求老张承担部分医疗费，老张以喝酒是出于朋友感情并无其他恶意为由拒绝赔偿。老王遂诉至法院。

【法官说法】

审理本案的法官李昌认为，老王与老张阔别多年，席间劝酒符合我国传统的风俗习惯，是热情好客的体现，老张劝酒行为主观并无过错，然而过度劝酒致人醉酒受伤，侵害了他人人身健康权，也跨越了法律界限，应当承担相应的法律责任。老王自知酒量有限，在盛情之下勉为其难地饮酒，结果醉酒摔伤骨折，老王本人也应当承担相应责任。根据《中华人民共和国民法通则》第 4 条第 3 款"双方都无过错的，应当由双方对损失合理分担责任"之规定①，作出上述调解。

【温馨提示】

适度饮酒，增进友谊，加深情感；过度劝酒和饮酒，不仅会伤了身体，也会伤了感情。

(本文原载于 2012 年 12 月 26 日《湖南日报》)

---

① 《中华人民共和国民法通则》现已废止，相关内容归入 2021 年 1 月 1 日起施行的《中华人民共和国民法典》。《中华人民共和国民法典》第 1186 条规定："受害人和行为人对损害的发生都没有过错的，依照法律的规定由双方分担损失。"

第八部分

公共安全、意外事件类

01 水沟未设警示标志致幼童溺亡，城管局赔偿22万

何淼玲 曾 妍 乔启东

【判决结果】

道路边的水沟常年积水，上面无盖板，旁边无护栏，也没有警示标志，导致一名幼童溺亡其中。临武县人民法院一审判决被告临武县城管局赔偿唐某夫妇22万余元。

【案情回放】

租住临武县武水镇黄莲村的唐某、曹某夫妇，在县城经营一家早餐店，把不满两岁的儿子带在身边以方便照顾。2013年4月9日上午，唐某夫妇忙完店里的事情，发现儿子不见了，多方寻找未果，遂报警。一个多小时后，民警在县城黄莲村旁的水沟里找到了唐某的儿子，当即将其送往医院抢救，但是终因抢救无效死亡，经医院诊断为溺水后致呼吸、心跳停止而死亡。

唐某夫妇认为，发生事故的水沟在人行道旁，有100多米长，完全暴露在地面上，没有加盖水泥板，没有设置明显警示标志，沟里常年积水1米多深。该路段由临武县城管局管理，应当承担赔偿责任，遂将城管局诉至法院。

【法官说法】

审理本案的法官文拥军认为，《中华人民共和国侵权责任法》第91条第2款规定：窨井等地下设施造成他人损害，管理人不能证明尽到管理职责的，应当承担侵权责任。① 临武县城管局对该路段的市政基础设施和公用事业设施负有管理、经营、改造和维护等义务，该路段水沟内常年积水，上面无盖板，旁边无护栏、无警示标志。由此可见，城管局作为管理人没有尽到管理职责，由此造成的损失，城管局应当依法承担。另外，唐某夫妇作为监护人，他们的儿子

---

① 《中华人民共和国侵权责任法》现已废止，相关内容归入2021年1月1日起施行的《中华人民共和国民法典》。《中华人民共和国民法典》第1258条第2款规定："窨井等地下设施造成他人损害，管理人不能证明尽到管理职责的，应当承担侵权责任。"

溺水死亡与他们监护不力也有一定的因果关系,故应当依法减轻被告城管局的赔偿责任,最终判决城管局赔偿唐某夫妇 22 万多元。

【温馨提示】

对市政基础设施未尽到管理责任,县城管局教训深刻;对幼子监护不力导致悲剧发生,唐某夫妇悔之晚矣。

(本文原载于 2013 年 9 月 11 日《湖南日报》)

02 私藏子弹赠战友，结果害他判了刑

何淼玲 陈文雅

【判决结果】

接受战友所赠军用子弹被盗，刘某被判刑。茶陵县人民法院审结一起非法持有弹药案件，以非法持有弹药罪判处刘某管制 1 年。

【案情回放】

刘某是茶陵县腰陂镇木冲村农民，曾在部队当兵，和夏某是战友。2006 年 8 月，夏某得了不治之症，便将收藏的 51 枚军用子弹赠送在家务农的刘某，留作纪念。2013 年 8 月，刘某外出务工，子弹全部被盗，因盗窃子弹的小偷杨某被抓获而案发。茶陵县人民检察院指控刘某犯非法持有、私藏枪支、弹药罪向法院提起公诉。

【法官说法】

审理本案的法官谭艳认为，《中华人民共和国刑法》第 128 条规定：非法持有、私藏枪支、弹药的，处三年以下有期徒刑、拘役或者管制；情节严重的，处三年以上七年以下有期徒刑。刘某明知是军用子弹而非法持有，刘某的行为已经构成了非法持有弹药罪。案发后，刘某主动到公安机关投案，并如实供述了犯罪事实，是自首，依法可以从轻处罚，遂判处刘某管制 1 年。

【温馨提示】

战友之间要讲情谊，更要守法律。如果是违法，情谊再深也不可为。

（本文原载于 2014 年 11 月 14 日《湖南日报》）

03 射钉枪改造成猎枪，桃江一木工获刑

何淼玲　周再明　龙益才

【判决结果】

将从网上买来的射钉枪改造成可以发射火药的猎枪，不料却犯了罪。经桃江县人民检察院提起公诉，该县法院以非法制造枪支罪判处被告人陈某有期徒刑 3 年。

【案情回放】

陈某系桃江县鸬鹚渡镇蒋家村农民，学会了木工装修、电焊两门手艺。2016 年 3 月，他从淘宝网上购买了一支射钉枪，然后用自己熟练的焊工技术，将一根铝管和一截铁管作为枪托和枪管，用焊机将铝管和铁管焊接在射钉枪的两端，使其成为可以击发的真枪支。陈某装上射钉弹，弹壳内装的是火药，射钉弹上膛后扣动扳机就可以发射，他用这支枪来打猎。

2016 年 4 月，陈某又从淘宝网上购买了一整套气枪配件，并按照配件安装说明书进行简单组装使其成为一支枪支，将铅弹上膛后，扣动扳机即可以击发，陈某平时拿它外出打猎。

2016 年 11 月，桃江县公安局民警在陈某家中将陈某抓获归案，并搜查出了两支枪。经鉴定，这两支改装后以火药为动力的自制枪，具有杀伤力，均应认定为枪支。

【检察官说法】

办理本案的检察官符潜知认为，《中华人民共和国刑法》第 125 条规定：非法制造、买卖、运输、邮寄、储存枪支、弹药、爆炸物的，处三年以上十年以下有期徒刑；《中华人民共和国枪支管理法》第 3 条规定：国家严格管制枪支，禁止任何单位或者个人违反法律规定持有、制造、买卖、运输、出租出借枪支；《最高人民法院关于审理非法制造、买卖、运输枪支、弹药、爆炸物等刑事案件具体应用法律若干问题的解释》第一条规定：个人非法制造以火药为动力发射枪弹的非军用枪支一支以上的，以非法制造枪支罪定罪处罚。本案中，陈某的行为已经构成非法制造枪支罪。鉴于陈某并未造成严重后果，到案后能如实供

述自己罪行，可以酌情从轻处罚，故法院依法作出上述判决。

【温馨提示】

陈某从网上购买的射钉枪，本来是工程建设中用于镶钉木板材料的施工用具，但他违反法律法规将其改装成了具有致伤力的枪支。公民必须遵守国家法律法规，否则，触犯法律，必将自食其果。

（本文原载于 2017 年 5 月 19 日《湖南日报》）

04 蜜蜂蜇伤女童，养蜂人赔偿

何淼玲　阳　瑶　曾　妍

【判决结果】

麻阳苗族自治县人民法院对一起因蜜蜂伤人引发的民事纠纷案进行判决，判令养蜂人胡某某、喻某某夫妇赔偿被蜜蜂蜇伤的刘某某医药费、车旅费等损失共计 2900 余元。

【案情回放】

家住麻阳苗族自治县岩门镇的村民胡某某、喻某某夫妇常年饲养蜜蜂。他们在离自家约 100 米处的村中马路边放养了 9 箱蜜蜂。2011 年 5 月一天，该村 8 岁女孩刘某某放学回家经过夫妻俩饲养蜜蜂的路段时，被蜜蜂蜇伤。刘某某先后到多家医院诊疗，花费医疗费及相关费用 2921.2 元。刘某某及其父母多次找胡某某夫妇协商，村委会也多次调解，均未果，遂将胡某某夫妇告上法庭。

【法官说法】

审理本案的法官陈功全认为，胡某某夫妇放置在村中路边箱养的蜜蜂，属于"饲养动物"。根据《最高人民法院关于适用中华人民共和国民事诉讼法若干问题的意见》第 74 条第 5 项"饲养动物致人侵害的侵权纠纷，对原告提出的侵权事实，被告否认的，由被告负责举证"之规定，①胡某某夫妇在庭审中无法提供原告刘某某被蜂蜇伤系野蜂或者他人饲养蜜蜂所伤的证据，应当承担赔偿责任。遂判决胡某某夫妇赔偿刘某某医药费、车旅费损失共计 2921.2 元。

【温馨提示】

养蜂是"甜蜜的事业"，但是对蜜蜂要"严加看管"，以减少给他人带来伤害的可能性。

（本文原载于 2015 年 12 月 3 日《湖南日报》）

---

① 《中华人民共和国民法典》第 1245 条规定："饲养的动物造成他人损害的，动物饲养人或者管理人应当承担侵权责任；但是，能够证明损害是被侵害人故意或者重大过失造成的，可以不承担或者减轻责任。"

05 男子高空跳水不慎砸中他人，构成过失致人死亡罪

何淼玲　肖　瑛

【判决结果】

高空跳水砸中他人致人溺亡的蒋某某因犯过失致人死亡罪，被判处有期徒刑 3 年，缓刑 3 年。江华瑶族自治县人民法院依法审理了这起案件。

【案情回放】

2016 年 8 月 22 日中午，江华瑶族自治县大石桥乡井头湾村蒋某某与蒋某迎及同村的几人，到该村一处天然大井里洗澡。其间，蒋某迎站在离井面 5 米多高处的树枝上准备第三次跳入水井里时，蒋某某已爬至同一株大树上，站在离井面 9 米多高处的树枝上也准备往水井里跳，当时双方商量好：由蒋某迎先往水中跳，待其从水中出来后，蒋某某方可跳水。随后，蒋某迎跳入水井中，在蒋某迎头部刚浮出水面准备游走时，蒋某某在未确定蒋某迎是否离开，就以脚朝下头朝上的姿势从蒋某迎上方跳下。当蒋某某浮出水面后，方才得知蒋某迎未再浮出水面。事后经打捞，蒋某迎已经溺水死亡。

被告人蒋某某事后陈述，他当时跳入水中时感觉自己的脚踩到了一团软东西。经法医学鉴定，蒋某迎系钝性暴力作用致左股骨骨折后溺水死亡。案发后，蒋某某的家属积极赔偿蒋某迎家属的损失，取得了家属谅解。

【法官说法】

审理本案的法官周小青认为，被告人蒋某某高空跳水过程中，因疏忽大意未确保水中人员安全，致蒋某迎左股骨骨折后溺水死亡，蒋某某的行为已经构成过失致人死亡罪。根据《中华人民共和国刑法》第 233 条"过失致人死亡的，处三年以上七年以下有期徒刑；情节较轻的，处三年以下有期徒刑"之规定，应当追究蒋某某的刑事责任。本案中，蒋某某主观方面为过失，主观恶性小。案发后，被告人蒋某某有自首情节并积极赔偿取得了被害人家属的谅解。因此，法院对蒋某某作出上述判决。

【温馨提示】

夏日去清凉的天然井里游泳是人生一大乐事，但是一定要注意保护自身和他人安全，千万不能疏忽大意，酿成大错。

（本文原载于 2017 年 1 月 7 日《湖南日报》）

06 男子酒后坠亡，同伴疏于照顾赔钱

何淼玲　刘姣丽　曾　妍

【判决结果】

3人一同出差，一同饮酒，酒后又同居一室。其中一名男子酒后坠亡，他的两名同伴因疏于照顾担责。永州市中级人民法院作出终审判决，驳回徐某、贺某上诉请求，维持一审原判：判令徐某赔偿原告家属经济损失67844.2元；贺某赔偿原告家属经济损失67844.2元。

【案情回放】

2013年2月24日，周某与徐某雇请贺某驾驶货车从江永县到福建平和县购买柚树苗。2月25日晚，树苗卖主林某到周某等3人入住的宾馆签订树苗购买合同后，邀请他们到KTV喝酒唱歌。直至2月26日凌晨2时，林某才将周某等3人送回宾馆。回宾馆后，贺某提出因开车太累要去按摩，徐某赞同，并邀请周某同去。周某称要睡觉，便留在宾馆。徐某、贺某考虑到按摩回来叫门会吵醒周某，便取走唯一的一张房卡，致使房间处于断电状态。凌晨4时左右，周某在宾馆意外坠楼身亡。经法医鉴定，周某系高坠致创伤性、失血性、休克性死亡，血液酒精含量为201.4 mg/dl，系高度醉酒。事后，周某家属与宾馆达成协议，由宾馆赔偿12万元后，放弃对宾馆的诉权。周某家属随后向江永县人民法院起诉徐某、贺某承担赔偿责任。江永县法院作出一审判决，判令徐某、贺某承担连带责任，并赔偿损失。徐某、贺某不服，向永州中院提起上诉。

【法官说法】

审理本案的法官乔晋楠认为，徐某、贺某与死者周某一同前往福建办事，又一同饮酒，酒后又同居一室，对周某负有一定的安全注意义务。而两人在周某高度醉酒后，却外出按摩，还带走房卡导致房间处于无电状态，疏于对已经高度醉酒的周某的照顾，徐某、贺某的不作为行为与周某的意外坠楼死亡之间

存在一定的因果关系，依法应当承担相应的侵权责任。① 根据《中华人民共和国民事诉讼法》第 170 条"原判决、裁定认定事实清楚，适用法律正确的，以判决、裁定方式驳回上诉，维持原判决、裁定"之规定，驳回徐某、贺某上诉请求，维持一审原判。

【温馨提示】

俗话说，行要好伴，住要好邻。徐某、贺某在周某高度醉酒后疏于对其照顾，在一定程度上导致了这次意外事故的发生。出门在外，一定要互相照顾、关心。

（本文原载于 2014 年 6 月 9 日《湖南日报》）

---

① 《中华人民共和国民法典》第 1165 条第 1 款规定："行为人因过错侵害他人民事权益造成损害的，应当承担侵权责任。"

07　祖传鸟铳应上交，非法持有也犯罪

何淼玲　郭秀峰

【判决结果】

父亲、兄弟去世后留下的一把鸟铳，本想将鸟铳留下作为一个念想，不料却因非法持有"枪支"让自己受到刑事制裁。经醴陵市人民检察院公诉，周某因犯非法持有枪支罪被该市法院判处有期徒刑 1 年，缓刑 1 年 6 个月。

【案情回放】

周某系醴陵市大障镇人。周某的父亲去世时留有一把鸟铳，后该鸟铳被周某的哥哥持有。10 多年前，周某的哥哥去世，周某认为该鸟铳留着可以当个念想，于是决定将鸟铳留在家中。2015 年 3 月 11 日，醴陵市公安局民警因办案需要到周某家例行检查时，发现并当场查获周某藏匿在家中的鸟铳。经鉴定，该鸟铳为以火药为动力的枪支。另查明，周某一直未办理持枪证。

【检察官说法】

办理本案的检察官胡丽认为，周某系不符合配备、配置枪支的人员，擅自持有枪支，周某行为已经构成非法持有枪支罪。[①] 鉴于周某非法持有的枪支没有造成严重危害后果，可以从轻处罚。

【温馨提示】

枪支、弹药是国家管制物品，私人非法持有均会受到法律制裁。因此，不论是通过非法渠道获得的还是祖传或者意外拾到的枪支，均应当依法上缴，以免引来不必要的麻烦。

（本文原载于 2015 年 5 月 7 日《湖南日报》）

---

① 《中华人民共和国刑法》第 128 条第 1 款规定："违反枪支管理规定，非法持有、私藏枪支、弹药的，处三年以下有期徒刑、拘役或者管制；情节严重的，处三年以上七年以下有期徒刑。"

08 帮人制造枪支部件，车间工人获刑

何淼玲　曾　妍　肖文淑

【判决结果】

利用车间工人身份的便利帮人制造枪支，结果获刑。衡东县人民法院以非法制造枪支罪判处秦某贵有期徒刑 3 年，缓刑 3 年；判处罗某红有期徒刑 1 年，缓刑 1 年。

【案情回放】

2013 年 2 月一天，衡东县新塘镇大冲村村民秦某贵，在衡东县城关镇一家五金店购买一根钢管后交给本村熟人罗某红，让罗某红帮其制造枪膛。罗某红利用自己在新塘镇某水泵厂工作的便利条件，根据秦某贵所提供的子弹参数在该厂车床做好枪膛后交给秦某贵。秦某贵把枪支零件组装成完整的枪支。事发后，经衡阳市公安局物证鉴定所鉴定：该枪支是以火药为动力的自制单管枪。

【法官说法】

审理本案的法官陈琼认为，秦某贵、罗某红未经国家有关部门批准，加工、改装以火药为动力的枪支，秦某贵、罗某红的行为均已经构成非法制造枪支罪。《中华人民共和国刑法》第 125 条规定：非法制造、买卖、运输、邮寄、储存枪支、弹药、爆炸物的，处三年以上十年以下有期徒刑；情节严重的，处十年以上有期徒刑、无期徒刑或者死刑。鉴于案发后，秦某贵、罗某红能如实供述犯罪事实，可以从轻处罚。

【温馨提示】

私自制造枪支属国家法律明令禁止的行为。为朋友帮忙应该遵守法律法规规定，切不可意气用事而触犯法律。

（本文原载于 2013 年 12 月 4 日《湖南日报》）

09 快递邮寄冰毒，自作聪明被抓

何淼玲　杨　红　舒丽莉

【判决结果】

快递主要是为了方便大家的生活，但是有的人自作聪明，以为利用快递运输毒品神不知鬼不觉，结果难逃法律制裁。岳阳县人民法院依法审结了一起运输毒品案，被告人王某被判处有期徒刑8年6个月，并处罚金人民币1万元。

【案情回放】

1990年1月出生的王某住岳阳县鹿角镇渔业队，无业，系吸毒人员，与一四川籍男子徐某系同性恋关系。2014年12月10日，王某收到徐某两次共约1万元汇款后，当晚通过堂兄王某某(另案处理)在岳阳县城关镇以每克130元的价格购买了约50克毒品甲基苯丙胺(俗称冰毒)。当晚，王某将买来的冰毒留下一部分供自己吸食外，将其余的冰毒分别装进6个小槟榔袋子内封口伪装。第二天，王某将装有冰毒的槟榔交由岳阳县顺丰快递公司邮寄至北京市丰台区赵公口路甲13号远中悦麒速递局的收件人徐某。

岳阳县顺丰快递公司收到快递物后发现可疑，便报警。公安机关将可疑物予以扣押并将被告人王某抓获归案。经岳阳市公安局物证鉴定所鉴定，6包可疑物为甲基苯丙胺(冰毒)，净重36.3946克。

【法官说法】

审理本案的法官周旺兴认为，被告人王某违反国家对毒品管理的法律法规，明知是毒品而邮寄运输，王某的行为已经构成运输毒品罪。[1] 考虑到王某在运输毒品犯罪中所起的作用、运输毒品的数量以及认罪态度等情节，法院依法作出上述判决。

【温馨提示】

天网恢恢，疏而不漏。王某利用快递邮寄毒品，聪明反被聪明误。

(本文原载于2015年8月28日《湖南日报》)

---

[1] 《中华人民共和国刑法》第347条规定："走私、贩卖、运输、制造毒品，无论数量多少，都应当追究刑事责任，予以刑事处罚。"

10 借火点烟酿凶案，逞凶斗狠实不该

何淼玲　郭秀峰　邹伟华

【办案结果】

醴陵人陈某因不满他人不经允许便拿自己的打火机点烟，竟持啤酒瓶和剪刀将对方打成轻伤。陈某因涉嫌故意伤害罪被醴陵市人民检察院批准逮捕。

【案情回放】

2016 年 7 月 6 日凌晨，被害人张勇、刘旺(二人系化名)等人开车停至醴陵市白兔潭镇某烧烤店门口准备进店吃烧烤。下车后，张勇走到正在吃烧烤的犯罪嫌疑人陈某等 4 名男子桌旁，随手在对方桌上拿起一个打火机点烟。陈某因不满对方不经自己允许便拿打火机点烟，便与之发生口角。随后，陈某手持啤酒瓶先是将被害人张勇的左手臂砸伤，并将被害人刘旺的眼睛砸伤，后又从烧烤店内拿出一把剪刀将张勇的右胸部刺伤。随后，陈某立即逃离现场。2017 年 2 月 14 日，他主动向醴陵市公安局投案自首。

【检察官说法】

办理本案的检察官邹伟华认为，《中华人民共和国刑法》第 234 条规定：故意伤害他人身体的，处三年以下有期徒刑、拘役或者管制。陈某面对生活琐事，竟选择大打出手，用啤酒瓶和剪刀将二人打成轻伤，陈某的行为已经涉嫌故意伤害罪。

【温馨提示】

借火点烟虽然是小事，亦应当注重小节。一方不能因小事而失去起码的礼节，另一方亦应当保持一颗包容之心。否则，意气用事，逞凶斗狠，最终害人害己。

（本文原载于 2017 年 3 月 31 日《湖南日报》）

11 肩扛钢珠枪打猎，猎杀拾柴人惹命案

何淼玲　郭秀峰

【办案结果】

醴陵男子瞿某手持非法自制的钢珠枪上山打猎，不料误将在山中捡拾柴火的村民当成了猎物，开枪射杀致死。醴陵市人民检察院以涉嫌过失致人死亡罪对瞿某作出批准逮捕决定。

【案情回放】

2017年1月18日21时许，瞿某手持自制的钢珠枪在醴陵市沩山镇青泉村埠上组地心坡打猎时，误将在当地山岭上捡拾柴火的被害人胡某当成猎物，朝其开枪，致使胡某心脏破裂当场失血性休克死亡。当晚22时许，当地村民发现胡某被害后立即报警。案发次日，瞿某携带自制枪支一支、钢珠弹7颗、子弹5颗到当地公安局投案自首。

【检察官说法】

办理本案的检察官李卫真认为，瞿某上山打猎，应当预见自己的钢珠枪可能会造成在射程范围内行人伤亡的后果，却因为自己在晚上九点以后上山打猎，过于自信地认为没有行人从而没有预见，错误地将在此地捡拾柴火的行人当成猎物开枪射杀，瞿某的行为已经涉嫌过失致人死亡罪。[①]

【温馨提示】

非法制造、买卖、持有枪支弹药，本已经涉嫌犯罪，而用非法持有的枪支捕猎野生动物，很可能严重危及他人生命安全，这种行为亦会构成过失致人死亡等罪。因此，奉劝那些狩猎者牢记本案血的教训，避免悲剧重演。

（本文原载于2017年2月20日《湖南日报》）

---

① 《中华人民共和国刑法》第15条规定："应当预见自己的行为可能发生危害社会的结果，因为疏忽大意而没有预见，或者已经预见而轻信能够避免，以致发生这种结果的，是过失犯罪。过失犯罪，法律有规定的才负刑事责任。"《中华人民共和国刑法》第233条规定："过失致人死亡的，处三年以上七年以下有期徒刑；情节较轻的，处三年以下有期徒刑。本法另有规定的，依照规定。"

12 烟头随手丢，"烧"来两年刑

何淼玲　周再明　贾国强

【判决结果】

吸烟后不将烟头熄灭，随手将烟头丢在杂草丛中，结果引发附近地段森林火灾。经桃江县人民检察院提起公诉，法院以失火罪判处被告人胡某有期徒刑2年，缓刑2年6个月，并建议对胡某适用社区矫正。

【案情回放】

2009年4月8日，桃江县桃花江水库管理局牛田水管站聘请本县石牛江镇村民胡某铲除石牛江镇贺家塘村一处渠道口的灌木、枯枝与杂草。当日13时，胡某吸烟后随手将烟头丢到渠道口的杂草丛中。约十分钟，杂草丛被烟头引燃。因气候干燥、风力过大，火势迅速蔓延至周围林地。他急忙用锄头扑火，并打电话叫来亲戚和附近群众合力扑火，终因火势太大无法控制，大火到当天18时才得以扑灭。经桃江县林业调查规划设计队鉴定，火灾过火面积达15公顷，全部为有林地。

2015年5月13日，胡某被桃江县森林公安局民警抓获归案。

【检察官说法】

办理本案的检察官高明辉认为，失火罪是由于行为人的过失引起火灾，危害公共安全的行为，这是一种以过失酿成火灾的危险方法危害公共安全的犯罪。根据失火罪的立案标准之一，造成森林火灾，过火有林地面积2公顷以上，或者过火疏林地、灌木林地、未成林地、苗圃地面积4公顷以上的，应当予以立案追诉。胡某因失火导致过火林地面积达15公顷，胡某的行为已经构成失火罪。①

【温馨提示】

不管在何时何地，一定要注意用火安全，千万不要因一时疏忽大意带来不必要的后果。

（本文原载于2016年4月6日《湖南日报》）

---

① 《中华人民共和国刑法》第115条规定："放火致人重伤、死亡或者使公私财产遭受重大损失的，构成放火罪，处十年以上有期徒刑、无期徒刑或者死刑。过失犯前款罪的，构成失火罪，处三年以上七年以下有期徒刑；情节较轻的，处三年以下有期徒刑或者拘役。"

13 烟花爆竹隐患大，非法储存被拘留

何淼玲 王 鹏 陈 龙

【办案结果】

桃江县大栗港镇男子伍某在没有取得任何资质的前提下，购入近3万元的烟花、筒炮、爆竹存储在家中，准备过年时贩卖给村民。结果，伍某被桃江警方行政拘留。

【案情回放】

2016年1月6日下午，桃江县公安局大栗港派出所民警在辖区巡逻时，发现一处民宅中储存有大量烟花爆竹。民警查明，烟花爆竹总价近3万元，系当地村民伍某从常德、宁乡等地购入，准备过年时贩卖给村民。当日，伍某因事外出，为消除安全隐患，民警联系货车将烟花爆竹转移至桃江县某烟花爆竹公司储存库内储存。1月8日，伍某主动到公安机关投案自首，被桃江县公安局依法处以7日行政拘留。

【民警说法】

办理本案的民警钟铭介绍，《中华人民共和国治安管理处罚法》第30条规定，违反国家规定，制造、买卖、储存、运输、邮寄、携带、使用、提供、处置爆炸性、毒害性、放射性、腐蚀性物质或者传染病病原体等危险物质的，处10日以上15日以下拘留；情节较轻的，处5日以上10日以下拘留。伍某非法存储烟花爆竹，造成安全隐患，但是有自首表现，故被依法行政拘留7天。

【温馨提示】

烟花爆竹是危险物品，从业人员必须具备烟花爆竹从业许可证，并对烟花爆竹进行专人专库管理。广大居民要通过正规渠道购买烟花爆竹，并在发现烟花爆竹等危险物品非法储存及买卖时，及时向公安机关举报。

（本文原载于2016年2月20日《湖南日报》）

14 炸药雷管多危险，私下储存获刑罚

何淼玲　郭显明　廖祯能

【判决结果】

经新晃侗族自治县人民检察院提起公诉，法院以非法储存爆炸物罪判处杨某有期徒刑 3 年，缓刑 3 年。

【案情回放】

杨某是新晃侗族自治县步头降乡茶山村村民。2012 年 12 月一天，他从芷江侗族自治县麻缨塘乡一水库工地上利用工作之便，将获得的 40 支规格型号为 φ32/150g 的膨化炸药非法储存在自己家中卧室内的木柜内，以备将来用于整修宅基地。经他人举报，公安民警于 2014 年 7 月 23 日将该膨化炸药依法予以扣留。

【检察官说法】

办理本案的检察官廖祯能认为，《中华人民共和国刑法》第 125 条规定，非法制造、买卖、运输、邮寄、储存枪支、弹药、爆炸物的，处 3 年以上 10 年以下有期徒刑；情节严重的，处 10 年以上有期徒刑、无期徒刑或者死刑。本案中，杨某违反国家对爆炸物管理的法律规定，非法储存工业制式炸药 6 公斤，杨某的行为已经构成非法储存爆炸物罪。鉴于杨某案发后能如实供述自己犯罪，并且是初犯，遂作出以上判决。

【温馨提示】

炸药、雷管等爆炸物属于高危物品，我国刑法明令禁止私自储存，希望广大民众特别是农村村民引以为戒。

（本文原载于 2015 年 5 月 18 日《湖南日报》）

15　天降玻璃砸伤路人，谁担责？

何淼玲　李远红　李　婵

【判决结果】

欧阳某某行走在路上时，突然从天而降一块玻璃，将欧阳某某砸伤住院。这个责任该谁负？桂阳县人民法院对这起物件脱落、坠落损害责任纠纷案作出一审判决，判令被告刘某赔偿原告欧阳某某医疗费等共计 7384.7 元，追加被告雷某承担连带赔偿责任。

【案情回放】

2015 年 5 月 17 日，欧阳某某途经桂阳县城关镇四居委会百花路 24 号时，一块玻璃从天而降，将欧阳某某砸伤。房屋脱落的玻璃系二楼公共过道上的窗户玻璃。该栋楼二楼共住有 6 户人家。但是脱落的玻璃系过道尽头的窗户玻璃，在该过道上安装了一扇铁门，铁门内只有两户人家。脱落的窗户玻璃处于铁门内，除了正对面的一户刘姓住户外，里面尚有一雷姓住户需要从该过道经过。法院经审理，追加了雷某作为共同被告。

【法官说法】

审理本案的法官李远红认为，《中华人民共和国侵权责任法》第 85 条规定："建筑物、构筑物或者其他设施及其搁置物、悬挂物发生脱落、坠落造成他人损害，所有人、管理人或者使用人不能证明自己没有过错的，应当承担侵权责任。"①本案中，脱落的窗户玻璃系被告刘某和雷某共同管理和使用，他们对于该玻璃脱落造成原告损害，应当承担赔偿责任。基于权利与义务对等原则，两名被告在过道上安装了一扇铁门，对于铁门内的物件有义务加以妥善管理，消除安全隐患。

【温馨提示】

高空坠物非常危险。市民应当妥善管理、维护好建筑物、构筑物或者其他设施及其搁置物、悬挂物，以免发生不必要的损害。

（本文原载于 2015 年 12 月 21 日《湖南日报》）

---

① 《中华人民共和国侵权责任法》现已废止，相关内容归入 2021 年 1 月 1 日起施行的《中华人民共和国民法典》。《中华人民共和国民法典》第 1253 条规定："建筑物、构筑物或者其他设施及其搁置物、悬挂物发生脱落、坠落造成他人损害，所有人、管理人或者使用人不能证明自己没有过错的，应当承担侵权责任。所有人、管理人或者使用人赔偿后，有其他责任人的，有权向其他责任人追偿。"

16 购物摔成骨折，商场被判担责

何淼玲　贺力平

【判决结果】

李女士在邵阳市某商场购物不慎摔倒，协商赔偿未果后，以商场未尽安全保障义务为由将商场告上法院，要求赔偿 15 万余元。邵阳市双清区人民法院一审判决商场承担 80% 的责任。

【案情回放】

2013 年 8 月，李女士到邵阳市某商场购物，因地面光滑而摔倒，经诊断为右腓骨下端外踝骨折，在多家医院治疗，共花费医药费 8095 元。2014 年 4 月，其伤情经司法鉴定，评定为 9 级伤残，需后续治疗费 3000 元。因双方协商未果，遂法庭相见。

【法官说法】

审理本案的法官王堂堂认为，《中华人民共和国侵权责任法》第 37 条规定：宾馆、商场、银行、车站、娱乐场所等公共场所的管理人或者群众性活动的组织者，未尽到安全保障义务，造成他人损害的，应当承担侵权责任。[①] 本案中，被告购物商场在地板较滑的情况下应当采取防护措施，如铺设地垫、设置警示标志、组织人员及时提示等，以保障进入营业场所人员的人身安全，但是商场未尽到这些安全保障义务，故应当对原告李女士的损失承担 80% 的赔偿责任。李女士作为一名完全民事行为能力人，在行走的过程中未尽到谨慎注意义务，造成自己摔伤，承担次要责任，即 20% 的责任。

【温馨提示】

公共场所、大型活动的管理者、举办者应当增强安全保障意识，提供安全防护措施，避免人身损害事件的发生。作为消费者，也应当提高防范意识，注意自身安全。

(本文原载于 2015 年 4 月 27 日《湖南日报》)

---

① 《中华人民共和国侵权责任法》现已废止，相关内容归入 2021 年 1 月 1 日起施行的《中华人民共和国民法典》。《中华人民共和国民法典》第 1198 条第 1 款规定："宾馆、商场、银行、车站、机场、体育场馆、娱乐场所等经营场所、公共场所的经营者、管理者或者群众性活动的组织者，未尽到安全保障义务，造成他人损害的，应当承担侵权责任。"

17　茶馆未设警示标志，茶客摔死赔钱

何淼玲　何　鑫

【判决结果】

长沙市天心区人民法院对一起娱乐服务合同纠纷案作出一审判决，确认被告黄某承担陈某方意外致死 25% 的民事责任，赔偿原告陈某益、李某金、陈某骏死亡赔偿金、丧葬费共计 56730 元。

【案情回放】

2014 年 3 月 2 日晚，武汉某公司长沙分公司务工人员陈某方晚饭饮酒后，来到被告长沙市天心区新港村厂厅组黄某开设的"好心情音乐茶室"（未办理工商登记手续）唱歌，并在该茶室继续喝了一些啤酒。此后，陈某方到茶室大厅外小便时，未进入茶室旁的厕所，而是直接到黄某住房与茶室之间的水沟处进行小便。这条水沟布满垃圾粪便，且该处仅堆置了大约 16 厘米高的砖墙，因大量饮酒以及砖墙高度过低，陈某方不慎坠入水沟内死亡。

陈某方父母陈某益、李某金及其子陈某骏以被告黄某没有安装防护设施为由，将其起诉至法院，要求赔偿。

【法官说法】

审理本案的法官李学军认为，《中华人民共和国消费者权益保护法》第 18 条明确规定，经营者应当保证其提供的商品或者服务符合保障人身、财产安全的要求。对可能危及人身、财产安全的商品和服务，应当向消费者作出真实的说明和明确的警示，并说明和标明正确使用商品或接受服务的方法以及防止危害发生的方法。宾馆、商场、餐馆、银行、机场、车站、港口、影剧院等经营场所的经营者，应当对消费者尽到安全保障义务。

本案中，造成陈某方意外死亡的原因有：1. 陈某方未到茶室厕所解小便；2. 陈某方大量饮酒；3. 茶室旁水沟边缘堆置的砖墙高度过低，未设置足够高且稳固的围栏。综合以上因素可知，陈某方的行为是意外死亡发生的主要原因，但是黄某在危险地带未设置充分的安全设施，未尽到充分的注意义务，也是构

成陈某方死亡的部分因素，故黄某应当对陈某方的死亡承担部分责任，法院酌情确认黄某承担本次意外事故 25% 的民事责任。

【温馨提示】

经营者应该提高认识，对经营场所和周边环境设置必要的警醒标志，消除危险因素，以尽到对消费者的安全保障义务。

（本文原载于 2014 年 10 月 27 日《湖南日报》）

18 大学生酒后游泳溺亡，酒友该担责么

何淼玲　常　研

【判决结果】

长沙市岳麓区人民法院审理了一起生命权纠纷案件。长沙市河西一名大学生在饮酒后游泳淹死，法院判令酒友黄某、王某各承担10%、5%的赔偿责任，死者魏某自行承担85%的责任，另一酒友黄某某不承担责任。

【案情回放】

2016年7月23日晚，魏某到黄某处玩耍，黄某便联系王某、黄某某一起喝酒。酒后，4人结伴至一湖边游泳，魏某溺水身亡。

经查明，死者魏某与黄某、王某系朋友关系。黄某某系受邀参与活动，之前与死者并无交往。

【法官说法】

审理本案的法官郭庆栋认为，《中华人民共和国侵权责任法》第6条规定，行为人因过错侵害他人民事权益，应当承担侵权责任；第16条规定，侵害他人造成人身损害的，应当赔偿医疗费、护理费、交通费等为治疗和康复支出的合理费用，以及因误工减少的收入。造成残疾的，还应当赔偿残疾生活辅助具费和残疾赔偿金。造成死亡的，还应当赔偿丧葬费和死亡赔偿金。[①] 本案中，死者魏某作为完全民事行为能力人，在自知水性不佳的情况下，深夜饮酒后游泳，魏某自身安全意识不强，应当承担主要责任。黄某作为活动的发起者、参与者，对死者水性不熟悉，并在游泳过程中未尽到注意义务，故应当承担相应的责任。王某作为活动的参与者，也应当承担相应的责任。而黄某某作为受邀者，之前与死者并无交往，无法得知死者水性等情况，不应当承担责任。

【温馨提示】

游泳健身是好事，但是酒后游泳则犯了大忌。每个人都应该对自己的生命负责，不能大意。

(本文原载于2017年3月23日《湖南日报》)

[①] 《中华人民共和国侵权责任法》现已废止，相关内容归入2021年1月1日起施行的《中华人民共和国民法典》。《中华人民共和国民法典》第1165条第1款规定："行为人因过错侵害他人民事权益造成损害的，应当承担侵权责任。"

233

19 高空坠物砸伤路人，整栋楼 69 名业主同担责

何淼玲　李革文

【判决结果】

高空坠物砸伤行人，肇事者无法确定，由整栋楼的业主共同担责。长沙市芙蓉区人民法院对一起高空坠物纠纷案作出判决，由整栋楼的 69 名业主和湖南省某实业集团有限公司共同赔偿受伤者谢女士医疗费、营养费、精神损害抚慰金等共计 22.8 万元。

【案情回放】

2011 年 10 月 9 日下午 6 时左右，谢女士路过长沙市芙蓉区五一东村 13 栋 1 楼萱萱餐馆门口时，不幸被该栋楼顶脱落的水泥板击中头部，当场昏迷不醒。谢女士随即被送至长沙市第八医院治疗。谢女士的伤情经诊断为颅脑损伤、蛛网膜下腔出血、脑震荡等。经鉴定，谢女士颅脑损伤经开颅术后遗留脑软化灶，评定为 8 级伤残。

【法官说法】

审理本案的法官王强认为，公民的生命健康权依法不受侵犯。谢女士在五一东村 13 栋楼下路过遭到楼顶坠落的水泥板砸伤，对自身的损害不存在过错，因此受伤而遭受的损失依法应当得到赔偿。《中华人民共和国侵权责任法》第 85 条规定："建筑物、构筑物或者其他设施及其搁置物、悬挂物发生脱落、坠落造成他人损害，所有人、管理人或者使用人不能证明自己没有过错的，应当承担侵权责任。"①因此，五一东村 13 栋的所有业主对楼顶共有部分享有权利，负有义务，因此他们均对谢女士受伤所遭受的损失承担侵权赔偿责任。遂依法作出上述判决。

【温馨提示】

高空坠物，人命关天。疏于管理和维护，理应承担责任。

(本文原载于 2015 年 3 月 15 日《湖南日报》)

---

① 《中华人民共和国侵权责任法》现已废止，相关内容归入 2021 年 1 月 1 日起施行的《中华人民共和国民法典》。《中华人民共和国民法典》第 1253 条规定："建筑物、构筑物或者其他设施及其搁置物、悬挂物发生脱落、坠落造成他人损害，所有人、管理人或者使用人不能证明自己没有过错的，应当承担侵权责任。所有人、管理人或者使用人赔偿后，有其他责任人的，有权向其他责任人追偿。"

第九部分

其 他

01 司法权威岂容蔑视? 撕毁听证笔录被拘

何淼玲 曾 妍 简朵良

【办案结果】

司法听证笔录是什么性质的文书? 若强行撕毁会产生什么样的后果? 邵东县人民法院依法对强行撕毁听证笔录的委托代理人刘东某依法处以 15 日的司法拘留。

【案情回放】

2014 年 12 月 4 日,邵东县人民法院依法对县国土资源局申请强制执行刘群某、刘栋某限期腾地决定非诉执行案举行听证会。刘东某作为刘群某、刘栋某两人的委托代理人参加听证。听证结束后,书记员按照规定要求被申请人刘群某、刘栋某及刘东某仔细核对笔录确认无误后并签字。刘东某在签完第一份听证笔录(刘群某案)后,要求对记录进行拍照并复印带走,但是未获法官的许可。刘东某遂认为在听证记录上签字会对自己带来不利后果,便拒绝在第二份听证笔录(刘栋某案)上签字。他趁书记员不备时突然将已经签字确认的听证记录拿走并快速离开办案区域,工作人员发现后立即前往劝阻,刘东某拒绝交出笔录,并且将听证笔录撕毁。

【法官说法】

审理本案的法官曾玉平认为,《中华人民共和国民事诉讼法》第 147 条规定,法庭审理的全部活动应当记入笔录,并由法官、书记员、当事人及其他诉讼参与人签名或者盖章;当事人和其他诉讼参与人认为对自己的陈述记录有遗漏或者差错的,有权申请补正;如果不予补正,应当将申请记录在案;拒绝签名盖章的,记明情况附卷。人民法院就非诉执行案件举行的听证是一种司法听证,听证笔录与庭审笔录法律性质一样,是人民法院审查权行使的产物,对人民法院作出是否强制执行的裁定有重要作用。《中华人民共和国民事诉讼法》第 110 条第二款规定:人民法院对违反法庭规则的人,可以予以训诫,责令退出法庭或者予以罚款、拘留。第 115 条第二款规定:拘留的期限,为 15 日以下。刘东某将听证笔录撕毁，已经严重违反法庭规则，妨碍人民法院正常司法秩序，人民法院依法对刘东某处以 15 日拘留正确。

【温馨提示】

撕毁笔录，既是对自己正当权利的无视，也是对司法权威的蔑视，切不可为。

（本文原载于 2014 年 12 月 21 日《湖南日报》）

02　代考代价高，投机不可取

何淼玲　罗海波

【判决结果】

永州市零陵区人民法院以代替考试罪对蔡某作出判决，对蔡某处罚金1万元。

【案情回放】

2016年12月，被告人蔡某应黄某之请，以获取报酬为目的代替黄某参加驾驶证考试。12月5日，蔡某持黄某身份证在永州市驾考中心，代替黄某参加科目三安全文明驾驶常识考试，被驾考中心工作人员当场查获。同日，蔡某被永州市公安局零陵分局刑事拘留。2017年1月16日，永州市零陵区人民检察院指控被告人蔡某犯代替考试罪，向法院提起公诉。

【法官说法】

审理本案的法官崔琳认为，驾驶证考试属于"法律规定的国家考试"，《中华人民共和国刑法》顺应社会发展需要，确定了组织考试作弊罪，非法出售、提供试题、答案罪和代替考试罪3个罪名，填补了立法空白，诸如职称考试、驾驶证考试、研究生考试、高考、司法考试、会计师考试、公务员考试等，都属于法律规定的国家考试。① 本案中，被告人蔡某代替他人考试，构成代替考试罪，犯罪事实清楚，证据确实充分。

【温馨提示】

投机不可取，代考代价高。

（本文原载于2017年3月4日《湖南日报》）

---

① 《中华人民共和国刑法》第284条之一第3款规定："代替他人或者让他人代替自己参加第一款规定的考试的，构成代替考试罪，处拘役或者管制，并处或者单处罚金。"

03 违规收费，律师输了官司

何淼玲　向春云　刘　华

【判决结果】

张家界市中级人民法院就上诉人湖南某律师事务所与被上诉人杜某某法律服务合同纠纷一案，终审判决维持原判，驳回某律师事务所要求杜某某支付律师服务费 1.54 万元及差旅费损失 600 元的诉讼请求。

【案情回放】

2012 年 12 月 31 日，慈利县零阳镇居民杜某某因房屋损害赔偿纠纷案委托湖南某律师事务所进行诉讼代理，并签订了合同书，约定由律师罗某具体承办，杜某某按赔偿金额的 28% 计付服务费，另支付车旅、文印等费用 8000 元，在赔偿款到位时优先支付，但是未明确该合同系风险代理合同。不久，罗某在杜某某家中还制作了接待笔录，称所代理案件复杂，需先交纳 8000 元的办案费用，律师代理费按赔偿损失总额的 28% 计付，杜某某同意并表示律师代理费在赔偿款到位时一并付清，也未言明风险代理关系。随后，罗某收杜某某办案费 5000 元，出具了白纸收条。官司打完后，杜某某获得了 5.5 万元的赔偿款。2013 年 7 月 13 日，杜某某通过银行转账给罗某 3000 元后，拒绝支付赔偿金额 28%（即 1.54 万元）的服务费。某律师事务所不服，提起上诉。

【法官说法】

审理本案的法官李龙玺认为，本案争议焦点是某律师事务所与杜某某所签订的业务合同书是否属于风险代理合同。风险代理是指律师事务所受理律师业务时，委托人事先不支付律师服务费，在合同中约定律师服务费与服务结果挂钩，承担可能难以足额收取服务费用的风险，先期委派律师提供法律服务的行为。实行风险代理收费的案件，不得同时采用其他收费方式。律师事务所代委托人支付的诉讼费、文印费以及需要异地办案的差旅费，不属于律师服务费，由委托人据实另行支付。本案中杜某某已经实际支付了 8000 元费用，某律师事务所称此 8000 元属于差旅费和文印费，但是没有证据证明所称内容。因此，某律师事务所与杜某某签订的业务合同书不符合风险代理的条件，且杜某某交纳的费用足以支付一般诉讼委托代理的律师服务费。据此，某律师事务所认为本案所诉争的合同应当是风险合同并要求杜某某支付赔偿金总额 28% 的服务费的上诉理由不能成立，不予支持。遂依据《中华人民共和国民事诉讼法》第170 条第一款"原判决、裁定认定事实清楚，适用法律正确的，以判决、裁定方式驳回上诉，维持原判决、裁定"之规定，作出驳回上诉，维持原判的判决。

【温馨提示】

律师知法，本应护法，却违规收费，实在不应该。

(本文原载于 2014 年 4 月 25 日《湖南日报》)

04 明知乘客去偷鸡，出租车司机出车 76 次构成盗窃罪

何淼玲　黄戍娟

【判决结果】

明知乘客要实施盗窃，仍然驾车送乘客前往实施地点，虽然没有获取盗窃利益，仍然构成盗窃罪。湘潭县人民法院对出租车司机杨某盗窃案作出一审判决，判处杨某有期徒刑 2 年 6 个月，并处罚金 15000 元。

【案情回放】

家住湘潭市的杨某在本地开出租车。一天，几个客人要求去一趟湘潭县中路铺镇，杨某送他们到了中路铺镇后，自己就回湘潭市了。接下来几次，这些人仍然叫他的车去株洲、湘潭县茶恩寺、白石等地，且送他们返程。一来二去，杨某知道他们每次是去偷鸡的，但是他仍然开车送他们。经法院审理查明，杨某明知他人偷鸡还送他人去实施地点的次数达 76 次，涉案价值达 15 万元。

【法官说法】

审理本案的法官谭凤明认为，明知对方去偷窃，而开车送他们去，这是典型的共犯（从犯）行为。因此，本案中杨某的行为构成盗窃罪，是从犯。①

【温馨提示】

发现犯罪现象应当及时报警。如果明知他人犯罪还予以帮助，那么自己也触犯了法律。

（本文原载于 2015 年 4 月 24 日《湖南日报》）

---

① 《中华人民共和国刑法》第 264 条规定："盗窃公私财物，数额较大的，或者多次盗窃、入户盗窃、携带凶器盗窃、扒窃的，处三年以下有期徒刑、拘役或者管制，并处或者单处罚金；数额巨大或者有其他严重情节的，处三年以上十年以下有期徒刑，并处罚金；数额特别巨大或者有其他特别严重情节的，处十年以上有期徒刑或者无期徒刑，并处罚金或者没收财产。"《中华人民共和国刑法》第 27 条规定："在共同犯罪中起次要或者辅助作用的，是从犯。对于从犯，应当从轻、减轻处罚或者免除处罚。"

05 强占房屋作灵堂，构成非法侵入住宅罪

何森玲 曾 妍 翁星晨

【判决结果】

为发泄不满情绪，强行进入他人住宅停放尸体进行祭祀活动，严重干扰他人正常生活。岳阳县人民法院以非法侵入住宅罪分别判处被告人姚某华、姚某金有期徒刑 1 年 6 个月，缓刑 2 年及有期徒刑 1 年，缓刑 1 年 6 个月。

【案情回放】

岳阳县柏祥镇伏太村邓某儿子的住房与姚某华的住房相邻，双方因中间空地做排水沟的地基发生过争执。2014 年 8 月 22 日，姚某华的父亲姚某某准备在争议地基装模做排水沟时与邓某夫妻发生争吵拉扯，姚某某倒地意外死亡。

意外发生后，为了发泄不满情绪，姚某华欲将姚某某的尸体放到邓某堂屋里，但是被邓某夫妻阻止，遂将姚某某的尸体放到邓某的车库里。死者姚某某的另一个儿子、被告人姚某金赶到现场后，不听劝阻，将邓某儿子住宅的堂屋正门踢开，叫亲属帮忙将存放姚某某尸体的水晶棺放在堂屋的中间并与亲属进行烧纸、磕头、燃放鞭炮等祭祀活动，对邓某家人的正常生活以及心理造成严重影响。

【法官说法】

审理本案的法官吴立平认为，根据《中华人民共和国刑法》第 245 条规定："非法搜查他人身体、住宅，或者非法侵入他人住宅的，处三年以下有期徒刑或者拘役。"本案中，姚某金、姚某华不顾反对和劝阻，强行进入他人住宅停放尸体进行祭祀活动，严重干扰他人正常生活，姚某金、姚某华的行为已经构成了非法侵入住宅罪，依法应当予以惩处。

【温馨提示】

丧亲之痛固然可悲，但是不应当被悲痛冲昏了头脑，逾越法律红线。

(本文原载于 2015 年 3 月 11 日《湖南日报》)

06 利用"伪基站"推发广告信息，破坏通信安全获刑

何淼玲　李　俊　朱联民

【判决结果】

道县人民法院宣判一起利用车载"伪基站"推发广告信息破坏公用电信设施罪的案件，两名被告人被依法判处有期徒刑3年，缓刑3年。

【案情回放】

被告人吴某系道县某医院股东，被告人卓某系该医院职工。2013年7月，吴某为宣传该医院，委托该医院原职工陈某以13000元购买了一套"伪基站"设备。2014年5月至7月，吴某安排卓某雇佣他人车辆，利用车载"伪基站"到道县各乡镇推发道县某医院的广告信息。2014年7月18日，卓某在清塘镇清塘圩利用车载"伪基站"推发广告信息时被办案民警抓获归案。案发后，吴某于2014年7月30日到道县公安局主动投案。

经检测，被查获的"伪基站"无线电发射设备无型号核准证、无生产厂家及任何标示，对外公开发射无线电波时严重影响公众通信。经中国移动通信集团湖南有限公司永州市道县分公司统计，2014年5月至7月18日，"伪基站"活动区域周边受影响人数在229000人次左右，每位客户通信中断时间约21秒，折合损失金额为5882元。经对卓某使用的"伪基站"设备中的短信发送数据进行提取分析，手机串码总计384773次。

【法官说法】

审理本案的法官张适认为，卓某、吴某为牟取非法利益，利用"伪基站"设备向不特定手机用户推发广告短信38万条，干扰用户229000人次，破坏了正常电信秩序和广大用户的通信安全，卓某、吴某的行为已经构成破坏公用电信设施罪。① 鉴于他们是初犯、偶犯，犯罪主观恶性小，并且是为了单位利益，认

---

① 《中华人民共和国刑法》第124条第1款规定："破坏广播电视设施、公用电信设施，危害公共安全的，处三年以上七年以下有期徒刑；造成严重后果的，处七年以上有期徒刑。"

罪悔罪，对他们适用缓刑对所居住的社区没有重大不良影响，法院遂作出上述判决。

【温馨提示】

君子爱财，取之有道。人们获利必须遵纪守法。否则，将受到法律追究。

（本文原载于 2016 年 9 月 12 日《湖南日报》）

07 社区戒毒期间复吸，瘾君子被送强戒

何淼玲　任　宇　刘孟龙

【办案结果】

湖南省内某知名医院的精神科医生邓某因在社区戒毒期间复吸毒品，被送往长沙市长桥强制隔离戒毒所，进行 2 年强制隔离戒毒处罚。

【案情回放】

邓某上班之余爱好打牌。他第一次接触毒品是在 2011 年，当时因打牌时感觉精力不集中，且知道冰毒、K 粉等毒品能提高兴奋度，他自以为是精神科医生，认为少量吸食不会成瘾，于是在朋友怂恿下吸食了冰毒，打了一个通宵牌也没有瞌睡。自此，他每逢打牌都要吸食少量冰毒，而且逐渐上瘾，加大剂量。

2013 年 5 月，邓某在家中与他人一起吸毒被查获，因犯容留他人吸毒罪被判刑 8 个月。刑满出狱后，他在自己所在社区接受为期 3 年的社区戒毒。2014 年 10 月，社区通知他到派出所进行例行尿检，结果发现冰毒检测再次呈阳性，公安机关依法决定对邓某强制隔离戒毒，执行为期 2 年的强制隔离戒毒。强戒期满后，他还得在社区接受为期 3 年的社区康复。

【民警说法】

办理本案的长桥强制隔离戒毒所民警刘杰介绍，《中华人民共和国禁毒法》第 38 条规定：吸毒成瘾人员在社区戒毒期间吸食、注射毒品的，由县级以上人民政府公安机关作出强制隔离戒毒的决定。本案中，邓某刑满出狱后虽然到居住地社区接受为期 3 年的社区戒毒，而他在此期间再次吸毒，故公安机关依法作出强制隔离戒毒的决定。

【温馨提示】

法律有温情的一面，更有威严的一面。邓某在社区接受戒毒，本应痛下决心，好好改造，结果毒瘾难除，再次复吸，被决定强制隔离戒毒，应当引以为戒。

（本文原载于 2015 年 4 月 9 日《湖南日报》）

08 故意不签劳动合同要求支付双倍工资，钻法律空子未得逞

何淼玲 贺力平

【判决结果】

与劳动者签订书面劳动合同，是用人单位的义务，同样也是劳动者的责任。邵阳市双清区人民法院审结一起劳动争议案件，对故意不签订劳动合同的劳动者要求用人单位支付双倍工资的请求，不予支持。

【案情回放】

2013 年 3 月，朱某经过面试，进入邵阳某公司工作，担任生产厂长一职，双方约定试用期 1 个月，试用期工资每月 3000 元，试用期满后工资每月 4000 元。

邵阳某公司要与朱某签订劳动合同时，朱某一再找借口搪塞拖延，不予签订。邵阳某公司与其他劳动者都签订了书面劳动合同。此后，朱某经常请假，工作 3 个半月后，用人单位以朱某不能胜任工作为由，解除劳动关系。

朱某向邵阳市劳动争议仲裁委员会申请仲裁，仲裁委员会作出了仲裁裁决书，由被申请人邵阳某公司支付申请人朱某双倍工资 8000 余元。邵阳某公司诉至法院，请求判决不支付双倍工资。

【法官说法】

法院调查获知，朱某是法院的常客，曾经多次故意不与用人单位签订书面劳动合同，然后在工作几个月后向单位索要双倍工资、经济补偿金、加班费等。

审理本案的法官认为，《中华人民共和国劳动合同法》第 82 条规定：用人单位自用工之日起，超过一个月不满一年未与劳动者订立书面劳动合同的，应当向劳动者每月支付两倍的工资。朱某在用人单位通知签订劳动合同后，借故拖延不签订书面劳动合同，要求用人单位支付双倍工资，朱某本身存在过错，遂作出上述判决。

【温馨提示】

用人单位要守法，劳动者同样应守法讲诚信。

（本文原载于 2014 年 6 月 26 日《湖南日报》）

09 湖南首例，保安隐瞒犯罪所得被罚金

何淼玲　刘　丽

【判决结果】

长沙市雨花区人民法院对湖南省首例以隐瞒犯罪所得罪定罪的案件进行一审宣判：以隐瞒犯罪所得罪判处刘某罚金人民币3000元，并追缴刘某非法所得人民币200元，上缴国库。

【案情回放】

刘某出生于衡东县，是某单位保安。2007年1月，魏某伙同他人盗窃失主李某价值人民币1120元的"建设125—5型"摩托车1台。刘某明知是盗窃所得的机动车仍然以人民币500元的价格买受。次月，又以人民币700元的价格将该车转卖给颜某。2007年3月，魏某又伙同他人盗窃失主向某价值人民币2000元的"光南KN125型"摩托车1台，刘某明知是盗窃所得的机动车仍然以人民币650元的价格买受自用。

【法官说法】

审理本案的法官彭智勇认为，《中华人民共和国刑法修正案(六)》第19条规定：明知是犯罪所得及其产生的收益而予以窝藏、转移、收购、代为销售或者以其他方法掩饰、隐瞒的，处三年以下有期徒刑、拘役或者管制，并处或者单处罚金；情节严重的，处三年以上七年以下有期徒刑，并处罚金。

2007年5月11日，《最高人民法院、最高人民检察院关于办理与盗窃、抢劫、诈骗、抢夺机动车相关刑事案件具体应用法律若干问题的解释》施行，作为《中华人民共和国刑法修正案(六)》第19条的配套规定。该解释第一条第一款(一)项明确规定：明知是盗窃、抢劫、诈骗、抢夺的机动车而买卖、介绍买卖、典当、拍卖、抵押或者用其抵债的，以掩饰、隐瞒犯罪所得、犯罪所得收益罪定罪处罚。

在本案中，刘某明知是盗窃所得机动车而买卖和自用，刘某的行为已经构成隐瞒犯罪所得罪，应当予以处罚。

【温馨提示】

为人莫贪小便宜，贪小便宜吃大亏。

（本文原载于2015年4月20日《湖南日报》）

10 炮制"官员开车撞人"不实信息，刘某赔礼道歉

何淼玲 曾 妍 易继华

【办案结果】

临澧县人民法院调解一起网络侵权责任纠纷案，原告刘某与被告李某、鄢某达成调解协议：李某、鄢某向刘某当面道歉，删除在新浪微博上的不实信息，并用同一个微博账号发布一条赔礼道歉的信息保持一周时间。

【案情回放】

2013 年 7 月 24 日，李某、鄢某夫妇以"浩宇"的网名在新浪微博上发布信息："湖南省常德市临澧县某局副局长刘某开车撞人了……"刘某的朋友看到这一信息后，纷纷打电话向刘某求证此事，一些不明真相的网民点击这一消息之后纷纷跟帖和转载，致使刘某遭到了言辞激烈的谩骂和指责，工作和生活因此受到严重影响。刘某遂诉至法院请求判令两名被告停止侵害，删除发布在新浪微博上对其污蔑不实之词，并在媒体上赔礼道歉。

事情源于 2015 年 6 月 10 日发生在临澧的一起交通事故。当日下午 5 时许，住临澧县安福镇迎宾路安福西一区 40 号的刘某和其女儿刘某某驾车前往临澧县烽火乡老家，刘某坐在副驾驶位置上，在行至烽火乡陈家河村私屋组时，因刘某某操作不当，车身后侧将两名被告李某、鄢某之子鄢某某擦倒在地致伤。经县交警大队事故认定，刘某某应负事故全部责任，在交警大队主持调解下，双方达成了赔偿协议，由刘某之女刘某某赔偿鄢某某医疗费等各项损失共计 5000 元。此后，由于刘某某未及时向李某、鄢某夫妇支付赔偿款，李某、鄢某夫妇便在新浪微博上发布了上述信息，迫使刘某某支付赔偿款。

【法官说法】

审理本案的法官李春林认为，《中华人民共和国侵权责任法》第 36 条规定

"网络用户、网络服务提供者利用网络侵害他人民事权益的，应当承担侵权责任。"①本案中，李某、鄢某夫妇在网络上发布不实信息，对刘某的名誉权造成侵害。

【温馨提示】

网络并非虚拟世界。网民应当依法上网、发帖，生活中遭遇纠纷，应当依法通过正当途径维权，而不是利用网络发布不实信息。

（本文原载于 2015 年 4 月 11 日《湖南日报》）

---

① 《中华人民共和国侵权责任法》现已废止，相关内容归入 2021 年 1 月 1 日起施行的《中华人民共和国民法典》。《中华人民共和国民法典》第 1194 条规定："网络用户、网络服务提供者利用网络侵害他人民事权益的，应当承担侵权责任。"

11 超市设置"抓烟机"，变相赌博领刑罚

何淼玲　周再明　龙益才

【判决结果】

将"抓烟机"设置在超市门前，组织他人进行投放硬币抓烟的变相赌博活动，非法获利 1 万余元。经桃江县人民检察院提起公诉，法院以开设赌场罪判处被告人蔡某有期徒刑 8 个月，缓刑 1 年，并处罚金 2 万元；同时判处其供犯罪所用的 6 台抓烟机及抓烟机内的硬币 2372 元、涉案香烟上缴国库。

【案情回放】

蔡某系沅江市草尾镇农民。2014 年 10 月 1 日至 11 月 2 日，他伙同肖某（另案处理）窜至桃江县县城桃花江镇，将 6 台抓烟机设置在桃花江镇近桃路的芙蓉兴盛连锁超市等 6 处超市门前，组织他人进行投放硬币抓烟的赌博活动，非法获利 10800 元。经益阳市公安局治安支队认定，这些抓烟机系赌博机。

【检察官说法】

办理本案的检察官陈翔认为，《中华人民共和国刑法》第 303 条第 2 款规定，开设赌场的，处 3 年以下有期徒刑、拘役或者管制，并处罚金；情节严重的，处 3 年以上 10 年以下有期徒刑，并处罚金。蔡某以营利为目的，伙同他人设置赌博机组织赌博活动，从中获取非法利益，蔡某的行为已经构成开设赌场罪。

【温馨提示】

检察官提醒广大市民，抓烟机这种带有赌博性质的游戏机，可以通过设置电脑程序确定赔率，做到稳赚不赔。机内的香烟品种很多，从几元到几十元不等，对一些年轻烟民来说诱惑力很大，他们试着投币几元碰碰运气，然而大都是十赌九输。

（本文原载于 2015 年 5 月 6 日《湖南日报》）

12 村口张贴大字报诋毁他人，法院判令张贴检讨书恢复名誉

何淼玲　郑小平　程　湘

【判决结果】

村民在村口张贴大字报发布不实信息诋毁他人，构成名誉侵权。临武县人民法院对这起名誉侵权纠纷案件进行判决，判令何某、李某、刘某向原告郭某作出书面赔礼道歉，并在相应村口张贴检讨书，为郭某消除影响，恢复名誉。

【案情回放】

何某、李某、刘某因与郭某存在矛盾，于 2014 年 7 月 7 日将《告全矿职工书——剥开郭某的画皮，看看此人的真相》的书面材料，张贴在临武县金山一村、二村、三村的墙上，供原泡金山矿职工住户观看。他们还到临武县武源乡、楚江镇的一些地方对原泡金山矿的职工散发传单。短短几天，此事在临武县城闹得满城风雨，人人皆知。很多原泡金山矿职工纷纷打电话给郭某询问此事。有时郭某走在路上，背后总有人对其指指点点，弄得他吃不香，睡不好。郭某遂起诉至法院，请求判令何某、李某、刘某消除影响，恢复名誉。

【法官说法】

审理本案的法官郑小平认为，《中华人民共和国民法通则》第 101 条规定："公民、法人享有名誉权，公民的人格尊严受法律保护，禁止用侮辱、诽谤等方式损害公民、法人的名誉。"[①]本案中，何某、李某、刘某以张贴、散发大字报的形式，在郭某的居住地及生活圈内传播不实信息，何某、李某、刘某的行为毁损了郭某的名誉，给他生活造成负面影响。遂判令何某、李某、刘某向郭某作出书面赔礼道歉，并在临武县金山一村、二村、三村入口的墙上各张贴检讨书

---

① 《中华人民共和国民法通则》现已废止，相关内容归入 2021 年 1 月 1 日起施行的《中华人民共和国民法典》。《中华人民共和国民法典》第 1024 条第 1 款规定："民事主体享有名誉权。任何组织或者个人不得以侮辱、诽谤等方式侵害他人的名誉权。"

3 份，张贴 5 天，为郭某消除影响，恢复名誉。

【温馨提示】

解决矛盾、解决问题，应当在法律法规允许的范围内。违法之举，不但给别人带来损害，也给自己带来麻烦。

（本文原载于 2015 年 1 月 10 日《湖南日报》）

13 控制 29 台计算机牟利，"黑客"被抓

何淼玲　禹爱民　颜　强

【判决结果】

临武县人民法院以非法控制计算机信息系统罪判处封某有期徒刑 6 个月，并处罚金 8000 元；犯罪工具电脑一台予以没收。

【案情回放】

封某居住在临武县城关镇建材市场。2009 年，他出于兴趣爱好，开始学习侵入计算机信息系统技术。2012 年 8 月以来，他在家里应 QQ 网友"猪猪""天边""自由在唱歌"等人邀请，并由他们提供政府、学校网址给他们攻击。封某选定入侵的网站后，分析代码，然后使用"御剑""中国菜刀"等黑客工具进行攻击，从而获取计算机信息系统控制权。封某每获取一个计算机信息系统的控制权并提供给对方，就能得到对方 100 元到 1000 元不等的报酬。至 2012 年 11 月 17 日，封某拥有对 29 台计算机信息系统的非法控制权，非法获利共计人民币 8000 元。

【法官说法】

审理本案的法官刘军认为，根据《中华人民共和国刑法》第 285 条"违反国家规定，侵入计算机信息系统或者对该计算机信息系统实施非法控制，情节严重的，处三年以下有期徒刑或者拘役"之规定，封某对 29 台计算机信息系统实施非法控制，非法获利 8000 元，情节严重，封某的行为已经构成非法控制计算机信息系统罪。鉴于封某认罪态度较好，并且退缴全部赃款，遂酌情从轻作出上述判决。

【温馨提示】

近年来，利用计算机进行网络犯罪呈高发态势，广大网民应当严格遵守国家有关法律法规，文明上网，依法用网。

（本文原载于 2013 年 4 月 7 日《湖南日报》）

14　社区矫正期间竟赌博，撤销缓刑并收监

何淼玲　郭秀峰　张红生

【办案结果】

因犯寻衅滋事罪被判处缓刑，在接受社区矫正期内竟先后两次参与赌博。经网上追逃，刘某被浙江杭州市公安机关抓获并移交至醴陵市看守所收监执行。

【案情回放】

刘某是醴陵市贺家桥镇人。2014年10月，他被醴陵市人民法院以寻衅滋事罪判处有期徒刑6个月，宣告缓刑1年，缓刑考验期限从2014年10月19日起至2015年10月18日止。刘某于2014年10月29日到醴陵市司法局报到办理入矫手续，接受社区矫正。2015年2月27日、3月25日，他先后两次在醴陵市某乡镇游戏室内利用赌博机参与赌博，被当地派出所查获并对刘某作出行政拘留5天的处罚决定。因缓刑考验期内严重违法，经醴陵市人民检察院建议，该市人民法院依法作出撤销缓刑，予以收监执行的裁定。因刘某在2015年4月初已经外逃，醴陵市公安局在法院裁定作出后，依法启动网上追逃程序，刘某最终在浙江杭州被当地警方抓获。

【检察官说法】

办理本案的醴陵市检察院监所科科长张红生认为，本案社区矫正对象刘某在缓刑考验期内两次参与赌博，刘某的行为违反了《中华人民共和国治安管理处罚法》和《社区矫正实施办法》，情节严重，刘某的现实表现已经不适宜继续对刘某执行社区矫正，应当撤销缓刑，收监执行。[①]

---

① 《中华人民共和国社区矫正法》第59条规定："社区矫正对象在社区矫正期间有违反监督管理规定行为的，由公安机关依照《中华人民共和国治安管理处罚法》的规定给予处罚；具有撤销缓刑、假释或者暂予监外执行收监情形的，应当依法作出处理。"

【温馨提示】

判处缓刑，并不代表不执行。若在缓刑期间存在严重违反法律、行政法规、社区矫正监管规定及人民法院禁令的行为，即使未达到犯罪的程度，也可能会被撤销缓刑，收监执行。

（本文原载于 2015 年 6 月 30 日《湖南日报》）

15　缓刑期间玩失踪，收监执行没商量

何森玲　郭秀峰　张红生

【办案结果】

因犯放火罪被判处缓刑，在接受社区矫正期内竟失踪长达半年。经醴陵市人民检察院建议，该市法院依法作出裁定，撤销了被告人张某的缓刑，决定对张某收监，执行原判有期徒刑 3 年。

【案情回放】

张某是醴陵市人。2013 年 8 月 2 日，他被醴陵市人民法院以放火罪判处有期徒刑 3 年，宣告缓刑 4 年，缓刑考验期限从 2013 年 8 月 13 日起至 2017 年 8 月 12 日止。张某于 2013 年 8 月 16 日到醴陵市司法局报到办理入矫手续，接受社区矫正。2015 年 6 月起，张某便一直未到社区矫正机关报到，也没有参加学习和教育，长期失联。该市司法局得知后，多次通过信函、电话和上门走访方式联系张某家属，督促张某尽快向社区矫正机构报到，均未果。该市司法局于 2015 年 12 月 10 日以书面形式建议法院撤销对张某的缓刑。

【检察官说法】

办理本案的醴陵市检察院监所科科长张红生认为，《中华人民共和国刑法》第 75 条规定：被宣告缓刑的犯罪分子离开所居住的市、县或者迁居，应当报经考察机关批准。最高人民法院颁布的《关于适用〈中华人民共和国刑事诉讼法〉的司法解释》458 条规定：罪犯无正当理由不按规定时间报到或者接受社区矫正期间脱离监管，超过一个月的，应当作出撤销缓刑、假释的裁定。本案中，张某在缓刑考验期内长期失联，一直未到社区矫正机关报到，情节严重，应当撤销缓刑，收监执行。

【温馨提示】

判处缓刑，并不意味着在考验期内不再违法犯罪就没事。若在缓刑期间长期外出，亦应当事先进行审批并坚持每月主动接受矫正机关的管理和教育，否则若图省事玩"失踪"，即使未违法犯罪也可能会被撤销缓刑，收监执行。

（本文原载于 2016 年 4 月 25 日《湖南日报》）

16 胆儿真肥，私刻检察专用章用于工程招投标

何淼玲　邹嗣娟　许　慧　张艳丽

【判决结果】

为图方便省事，竟然私自刻制检察机关专用查询章，并多次冒用进行工程招投标业务。经长沙市雨花区人民检察院提起公诉，被告人李某和万某被法院以伪造国家机关公文、印章罪分别判处拘役 4 个月和管制 1 年。

【案情回放】

李某是湖南某项目管理有限公司总经理。因该公司常驻地和主要业务地均在永州，而一些招标项目规定需要公司注册地所在检察院开具证明材料。为了图省事、免于长途奔波，方便公司在永州进行招投标业务，2014 年下半年，李某授意公司员工万某私刻了"长沙市雨花区人民检察院查询行贿犯罪档案专用章"，并于 2014 年 9 月至 2015 年 7 月多次使用该印章加盖在私自打印的《检察机关行贿犯罪档案查询结果告知函》文书上，将该文书用于参加招投标业务。

2015 年 7 月，长沙市雨花区检察院接到群众举报，李某、万某由是案发。

【检察官说法】

办理本案的检察官认为，行贿犯罪档案查询是检察机关通过对行贿犯罪信息进行分类录入、存储和管理形成的专门电子档案，并向社会提供查询服务。检察机关行贿犯罪档案的《查询结果告知函》是各类项目招投标的必备资格文件，一旦缺少将无法参与招投标。李某、万某私刻印章的行为已经构成伪造国家机关公文、印章罪。①

---

① 《中华人民共和国刑法》第 280 条第 1 款规定："伪造、变造、买卖或者盗窃、抢夺、毁灭国家机关的公文、证件、印章的，处三年以下有期徒刑、拘役、管制或者剥夺政治权利，并处罚金；情节严重的，处三年以上十年以下有期徒刑，并处罚金。"

【温馨提示】

其实，作为参加招投标的企业，开具检察机关行贿犯罪档案《查询结果告知函》的程序并不复杂，该项业务目前已经实现全国联网，招投标企业不仅可以在企业注册地检察机关开具告知函，也可以到投标项目地的检察机关开具。切不可图一时方便而触犯法律。

（本文原载于 2016 年 3 月 22 日《湖南日报》）

17 容留朋友在家吸毒，哥们义气不该讲

何淼玲　郭秀峰　贺泺榕

【办案结果】

自己因一次偶然机会初尝冰毒，虽然未再次参与吸食，却出于义气先后 3 次容留朋友在家吸毒。后来因担心自己也会吸毒成瘾遂让父亲向公安机关报案。醴陵市人民检察院以涉嫌容留他人吸毒罪对邓某军作出批准逮捕决定。

【案情回放】

邓某军系醴陵市人。2015 年 2 月底，他在一次朋友聚会时结识了吸毒人员徐某等人，在好奇心驱使下也吸食了一点冰毒。后来，徐某等人先后多次带着毒品来到邓某军家吸毒并邀邓某军一起吸食。邓某军虽然拒绝与对方一起吸食毒品，但是出于朋友义气，先后于 2015 年 3 月、4 月共 3 次容留徐某等人在家中吸毒。4 月 14 日，因担心时间久了自己也会染上毒瘾，决心悔过的邓某军让自己的父亲向公安机关报案。

【检察官说法】

办理本案的检察官贺泺榕认为，《中华人民共和国刑法》第 303 条规定，容留他人吸食、注射毒品的，处 3 年以下有期徒刑、拘役或者管制，并处罚金。[①]本案中，邓某军以身试毒后虽及时抽身，但出于朋友义气先后 3 次容留徐某等人在自己家中吸食冰毒，邓某军的行为已经涉嫌容留他人吸毒罪。

【温馨提示】

此案告诫大家，不仅自己要远离毒品，而且在发现身边人员吸毒时应当依法予以举报，千万不要出于朋友义气提供所谓的便利，到头来害人又害己。

(本文原载于 2015 年 5 月 20 日《湖南日报》)

[①]　《中华人民共和国刑法》于 2020 年修正，上述有关容留他人吸毒罪的相关法条由原先的 303 条改为 354 条。《中华人民共和国刑法》第 354 条规定："容留他人吸食、注射毒品的，处三年以下有期徒刑、拘役或者管制，并处罚金。"

18　假公文"罩"不住真违建，沅陵一退休干部获刑

何淼玲　史明华　赵智泉

【判决结果】

沅陵县人民法院以伪造、变造、买卖国家机关公文罪分别判处高某某有期徒刑 1 年 6 个月，缓刑 1 年 6 个月；判处向某某有期徒刑 10 个月，缓刑 1 年。

【案情回放】

2012 年 8 月的一天，沅陵县某公司职工高某某找到沅陵县某单位退休干部向某某，称自己亲戚的违法在建房屋受到县"两违办"的清查，要向某某帮忙。向某某称手上存有盖有公章的过期国土审批手续，可以帮助违建户躲避清查。2012 年 8 月至 2014 年 11 月，向某某先后拿给高某某 9 张盖有"沅陵县人民政府""沅陵县人民政府城乡建设用地审批章"印章的空白国土审批单。高某某、向某某为顺利使用审批单，先由向某某用铅笔填写内容，后由向某某、高某某正式填写内容。随后，高某某将填写其父母、妻子及本人信息的 4 张审批单用于自家违法在建房屋躲避县"两违办"清查，而另外 5 张审批单则由高某某与他人协商后，填写好相关内容进行出售。高某某、向某某从中非法获利 113500元。2015 年 5 月 26 日，高某某、向某某因涉嫌诈骗罪，变造、买卖国家机关公文罪被沅陵县公安局刑事拘留。

【法官说法】

审理本案的法官赵智泉认为，我国刑法相关条款规定：伪造、变造、买卖或者盗窃、抢夺、毁灭国家机关的公文、证件、印章的，处 3 年以下有期徒刑、拘役、管制或者剥夺政治权利；情节严重的，处 3 年以上 10 年以下有期徒刑。[①]本案中，高某某、向某某的行为已经构成伪造、变造、买卖国家机关公文罪。鉴于案发后他们主动到沅陵县公安局投案，退还张某某、刘某某等违建户 11 万

[①] 《中华人民共和国刑法》第 280 条第 1 款规定："伪造、变造、买卖或者盗窃、抢夺、毁灭国家机关的公文、证件、印章的，处三年以下有期徒刑、拘役、管制或者剥夺政治权利，并处罚金；情节严重的，处三年以上十年以下有期徒刑，并处罚金。"

余元并取得谅解，有悔罪表现，可以从轻处罚，遂依法作出上述判决。

【温馨提示】

君子爱财，取之有道。只有通过自己的辛勤劳动，才能创造财富。投机取巧，吃亏的终将是自己。

（本文原载于 2016 年 1 月 12 日《湖南日报》）

19 考题乃国家机密，非法助考是犯罪

何淼玲 罗海波

【判决结果】

永州市零陵区人民法院判决的一起非法获取国家秘密案件生效。被告人唐某军、唐某采取非法手段获取成人高考、四六级英语考试、研究生考试等试题，兜售考试答案，协助他人作弊牟利，分别被判处有期徒刑6个月、管制6个月。

【案情回放】

2011年，零陵区人唐某军在网络上建立助考QQ群，称可通过"高科技"帮助考生通过成人高考及各类资格考试，并购买了可近距离传送信号的无线器材。2012年10月成人高考期间，唐某军伙同同乡唐某冒用考生名义进入考点，利用微型照相机将数学、英语、政治、语文等试题拍照带出，在获取试卷内容后，由自己及网上找人作出答案，再返回考点，采取在高楼发射、厕所转交的方式传送答案。2013年1月全国研究生考试期间，二名被告人在宾馆调试设备时被当场抓获。经查，唐某军作为主犯，在各类考试中协助他人作弊10余起，与20余名考生、家长交易，共非法牟利5万余元。

【法官说法】

审理本案的法官欧志凯认为，本案中，二名被告人在考试过程中窃取考题作弊，二名被告人行为所侵犯的对象属国家秘密。

《中华人民共和国刑法》第282条规定，以窃取、刺探、收买方法，非法获取国家秘密的，处三年以下有期徒刑、拘役、管制或者剥夺政治权利；情节严重的，处三年以上七年以下有期徒刑。本案中，唐某军、唐某的行为已经构成非法获取国家秘密罪。根据二名被告人的犯罪情节、悔罪表现，法院作出上述判决。

【温馨提示】

非法助考构成犯罪。作弊考生如被发现，除成绩作废外，此后几年内还将取消考试资格。

（本文原载于2013年6月21日《湖南日报》）

20 一瓢大粪"泼"来 4 个月拘役

何淼玲

【判决结果】

邻里发生纠纷，竟然朝别人后脑壳上泼大粪，一时冲动的吴某买了个教训。娄底市中级人民法院作出终审裁定，维持涟源市人民法院一审以侮辱罪判处吴某拘役 4 个月的判决结果。

【案情回放】

王某与吴某、田某系涟源市同组村民。田某的丈夫易某在新居周围建围墙和车库，致使王某的老屋没有车路出入。后双方商定，由王某家将车库拆除，拆除后的宅基地归王某家永久使用。车库拆除后数个月后的 2013 年 3 月，易某又开始在原址建车库，正好被王某发现，双方发生争吵。这时，田某的亲家吴某也赶过来与王某争吵，她从厕所里舀来一瓢大粪，浇在已经倒地的王某的后脑壳上。王某提起刑事自诉。2014 年 9 月，涟源市人民法院一审以侮辱罪判处吴某拘役 4 个月。王某不服，认为量刑太轻，向娄底市中级人民法院提起上诉。

【法官说法】

审理本案的娄底市中院法官黄德雄认为，《中华人民共和国刑法》第 246 条规定：以暴力或者其他方法公然侮辱他人或者捏造事实诽谤他人，情节严重的，处三年以下有期徒刑、拘役、管制或者剥夺政治权利。吴某当众向王某后脑壳上泼大粪，公然侮辱他人，情节严重，其行为已构成侮辱罪，应当受到刑法追究。原审认定事实清楚，证据确实充分，量刑准确，遂维持原判。

【温馨提示】

一瓢大粪换来 4 个月拘役，吴某理应为自己的冲动付出代价。

（本文原载于 2015 年 1 月 13 日《湖南日报》）

21 两男子非法买卖公民信息获刑

何淼玲　郭秀峰

【判决结果】

户籍地为醴陵市均楚镇的青年男子龙某，利用曾在交通银行保险中心工作的便利，获取大量公民个人信息，离职后未按规定予以销毁，而是通过网络将所获取信息卖给海南人陈某，从中非法获利。经醴陵市人民检察院提起公诉，龙某、陈某因侵犯公民个人信息罪分别被该市法院判处有期徒刑1年、6个月，各处罚金10万元、9万元，并依法没收各自非法所得10万元、20万元上缴国库。

【案情回放】

自2012年1月1日起，龙某由上海某劳务公司派遣至该市交通银行保险中心工作，2013年12月25日离职。工作中，龙某负责向客户外呼推荐销售保险产品，能获知客户的姓名、电话、身份证号等信息，并将上述信息保存在自己U盘中。离职时，龙某未按规定处理上述信息，而是将存放信息的U盘带走。

2014年5月至2015年9月，龙某在网上寻找工作时，发现有人在网上收购公民个人信息，便利用QQ与家住海南的被告人陈某联系，以每条2元至80元不等的价格将所获知的公民个人信息交由陈某转卖。两人通过支付宝涉及公民个人信息买卖的交易金额达195199元。2015年9月17日，醴陵市公安局发现了龙某犯罪事实，将龙某抓获，并顺藤摸瓜于同年10月19日在海南将陈某抓获。2016年10月30日，龙、陈两人分别通过家属向醴陵公安局退缴违法所得10万元、20万元。

【检察官说法】

承办本案的检察官李苏认为，龙某将在工作中获取的公民个人信息进行拷贝并出售给他人，情节严重，龙某的行为已经构成出售公民个人信息罪；陈某违反国家有关规定，以其他非法方法获取公民个人信息，情节严重，陈某的行为亦构成犯罪。①

【温馨提示】

奉劝那些倒卖公民个人信息的不法之徒赶快收手。否则，等待他们的将是法律的追究。

（本文原载于 2017 年 1 月 17 日《湖南日报》）

---

① 《中华人民共和国刑法》第 253 条第 1、2、3 款规定："违反国家有关规定，向他人出售或者提供公民个人信息，情节严重的，处三年以下有期徒刑或者拘役，并处或者单处罚金；情节特别严重的，处三年以上七年以下有期徒刑，并处罚金。违反国家有关规定，将在履行职责或者提供服务过程中获得的公民个人信息，出售或者提供给他人的，依照前款的规定从重处罚。窃取或者以其他方法非法获取公民个人信息的，依照第 1 款的规定处罚。"

22　利用微信红包赌博被逮捕

何淼玲　郭秀峰

【办案结果】

创建微信群,大肆拉人入群以抢发红包的方式进行赌博,在不到 3 个月时间内涉案赌资达百万余元,从中非法获利共计 12 万余元。醴陵市人民检察院办理了该市首例微信红包赌博案,对涉嫌赌博罪的赖某作出批准逮捕决定。

【案情回放】

赖某系醴陵市人。2015 年底,赖某和彭某、付某(二人均另案处理)及杨某(在逃)等人在他人创建的微信群内参与微信红包赌博,后觉得以该方式自己坐庄有利可图,便从 2016 年 3 月开始,由赖某、彭某邀集付某、杨某等人,共同出资购买大量手机卡创建"午夜豪门"等微信群,约定由赖某、彭某负责操作发微信红包、接受赌资下注、核实开奖号码、赌资的赢取及赔付等,付某、杨某负责发微信红包、拍小视频、做"托"等,利用在微信群内以发微信红包猜尾数的方式,下注金额 20 元至 1000 元不等,大肆拉人入群,吸引数百名成员下注赌博,从中获利予以平分。被抓获时,赖某等人共非法获利 12 万余元,涉案赌资共计百万余元。2016 年 5 月 5 日,被害人罗某发现上当受骗遂电话报警,醴陵市公安局于同年 7 月 7 日将赖某抓获归案。

【检察官说法】

办理本案的检察官黄卫国认为,根据《最高人民法院、最高人民检察院、公安部关于办理赌博刑事案件具体应用法律若干问题的解释》规定,利用互联网、移动通信终端等传输视频、数据,组织赌博活动,建立赌博网站并接受投注、建立赌博网站并提供给他人组织赌博、为赌博网站担任代理并接受投注或者参与赌博网站利润分成,具有其中之一,就属于"开设赌场"行为。① 本案中,赖

---

① 《最高人民法院、最高人民检察院、公安部关于办理赌博刑事案件具体应用法律若干问题的解释》第 2 条规定:"以营利为目的,在计算机网络上建立赌博网站,或者为赌博网站担任代理,接受投注的,属于刑法第三百零三条规定的'开设赌场'。"

某等人的行为已经涉嫌赌博罪。

【温馨提示】

亲朋好友在微信群内偶尔抢发金额较小的微信红包能活跃气氛，但是利用微信群赌博则触犯了法律，必须受到追究。

（本文原载于 2016 年 8 月 29 日《湖南日报》）

23 法院查封的铲车藏匿不得

何淼玲　贺力平

【判决结果】

一名失信被执行人在法院执行过程中无视法院裁定，藏匿已经查封的铲车拒不交出，从而因小失大，付了执行款后仍然被判刑。邵阳市双清区人民法院一审审结此案，以非法处置查封财产罪判处被告人罗某有期徒刑 6 个月，缓刑 1 年。

【案情回放】

2015 年 8 月，在原告岳某、姜某与被告罗某买卖合同纠纷一案审理过程中，岳某与姜某向法院申请财产保全，法院作出民事裁定书，对罗某所有的一台山东临工某型号铲车进行查封，并对罗某做了查封笔录，告知罗某查封期间的要求和相关法律规定。

2015 年 9 月，双清区人民法院作出民事判决书，判决被告人罗某支付岳某、姜某货款 28 万余元。2016 年 2 月，岳某、姜某向法院申请强制执行，法院在执行过程中发现，罗某擅自处置被法院查封的这台铲车，拒不交出，涉嫌构成非法处置查封财产罪，遂向公安机关移送侦查。罗某到案后，对自己藏匿铲车的行为供认不讳。

案件审理过程中，被告人罗某与岳某、姜某达成刑事和解协议，罗某将私自藏匿的铲车交出，并作价 15 万元折抵部分货款。岳某、姜某对罗某表示谅解。

【法官说法】

审理本案的法官魏永耀认为，《中华人民共和国刑法》第 314 条规定：隐藏、转移、变卖、故意毁损已被司法机关查封、扣押、冻结的财产，情节严重的，处 3 年以下有期徒刑、拘役或者罚金。查封是一种临时性的强制措施，所查封的物件未经解除查封，任何人不得擅自处理和移动，目的在于实现申请人的权利。而非法处置查封、扣押、冻结的财产的行为，妨害了司法机关依法对社会的管理活动，严重侵害了申请执行人权利的实现，也严重亵渎了神圣的法律，这种行为理应受到法律制裁。

【温馨提示】

欠债还钱，天经地义。失信被执行人采取非法手段"赖账"，不仅达不到目的，还有可能被追究刑事责任。奉劝那些恶意逃避执行的人不要以身试法。

（本文原载于 2017 年 6 月 13 日《湖南日报》）

24 单位未及时发工资，销售员截留货款被判刑

何淼玲 吴 敏 刘 亮

【办案结果】

株洲市中级人民法院作出二审判决，以挪用资金罪判处株洲华特包装公司销售员刘某有期徒刑4年，撤销原审法院判处其2年6个月有期徒刑的判决，并责令刘某退赔公司相关款项。

【案情回放】

刘某系华特包装公司销售员，代表公司与客户签订销售合同和收回货款。公司规定，刘某收取客户货款应按时全额交公司财务入账，公司再根据刘某销售业绩，按一定比例提取绩效工资给他。2001年7月到2005年12月，刘某先后与6家客户签订销售合同，共收取货款681万元。因单位未及时发给工资，刘某采用分次截留部分货款不交公司财务入账的方法，累计将67万元货款转入自己账户，用来投资办加工厂谋利。在此期间，刘某应得提成工资为34万元，但是公司一直未与他进行提成工资结算。

对刘某定罪量刑时，对于刘某应得的34万元工资要不要从截留的67万元中扣除，成为争议焦点。一审法院在一审、重审时认为，依据《中华人民共和国刑法》第272条规定，刘某确实构成挪用资金罪，但是考虑到这67万元中，包含他应得提成工资34万元，可以酌情扣除，因此认定刘某挪用资金罪的犯罪数额为33万元，作出了较轻的量刑判决。石峰区人民检察院认为，刘某应得提成工资只是刘某与公司之间结算兑现的问题，不能因为提成工资没有拿到而未经公司同意直接截留公司货款。挪用行为发生在前，提成工资结算在后，两者没有直接关系，因此一审法院认定犯罪数额错误，量刑过轻。终审法院株洲市中级人民法院采纳了检察机关的抗诉意见，确认两者不能相互抵扣，加重了对刘某的量刑，依法作出上述改判。

【检察官说法】

办理本案的检察官认为，《中华人民共和国刑法》第272条规定，挪用资金罪是指公司、企业或者其他单位的人员，利用职务上的便利，挪用本单位资金

归个人使用或者借贷给他人，数额较大、超过 3 个月未还，或者虽未超过 3 个月，但数额较大、进行营利活动的，或者进行非法活动的行为。挪用资金罪处三年以下有期徒刑或者拘役；资金数额巨大的，或者数额较大不退还的，处三年以上十年以下有期徒刑。刘某多次私自截留货款用来投资，是利用担任销售员的职务便利为自己谋利，刘某的行为已经构成了挪用公司资金罪。而且因刘某未采取与公司协商、仲裁或者提起诉讼等方法，即使他只截留了其应得的提成工资 34 万元，也同样构成了挪用公司资金罪。因为从挪用资金与兑现提成工资两个行为发生的先后来看，刘某先收回货款，然后才能有提成工资的结算兑现，而刘某截留货款在前，与公司提成工资的结算在后，也就是说刘某截留 67 万元货款用于投资谋利时，就已经产生了违反财务管理法律法规的行为，构成了挪用资金罪。何况，他截留货款的目的，并非是为了抵扣自己的提成工资，而是为了投资谋利。

【温馨提示】

该案改判，为销售人员在严肃财务纪律方面，上了一堂实实在在的法制教育课。如果公司违约不肯结算提成工资，销售人员完全可以通过协商、仲裁或者提起民事诉讼等途径解决。但是私自截留货款，就违反了财务管理相关制度和法律法规。

（本文原载于 2010 年 4 月 19 日《湖南日报》）

25　将一双儿女扔进水库溺亡，精神病母亲被强制医疗

何森玲　曾　妍　周盖雄

【办案结果】

精神病患者林某因家庭纠纷迁怒于小孩，将自己所生的一对年幼没有反抗能力的儿女扔进水库，致使两个小孩溺水而亡。新宁县人民法院依法对林某作出强制医疗的决定。

【案情回放】

林某系新宁县安山乡矿头村村民，患有癫痫病，婚后因与丈夫李某感情不和，常发生争吵，并多次扬言要将自己所生的一双儿女丢到水里淹死。2014年1月18日晚，林某趁李某没在家，先后将熟睡的女儿和儿子从家里抱至离家不远的茅坪水库，将两人捂在水中窒息而死。经湖南省芙蓉司法鉴定中心对林某精神状态进行鉴定，林某系癫痫所致精神障碍，作案时无刑事责任能力。新宁县人民检察院遂依法对林某申请强制医疗。

【法官说法】

审理本案的法官邓彬认为，《中华人民共和国刑法》第18条规定："精神病人在不能辨认或者不能控制自己行为的时候造成危害结果，经法定程序鉴定确认的，不负刑事责任，但是应当责令他的家属或者监护人严加看管和医疗；在必要的时候，由政府强制医疗"；《中华人民共和国刑事诉讼法》第284条规定："实施暴力行为，危害公共安全或者严重危害公民人身安全，经法定程序鉴定依法不负刑事责任的精神病人，有继续危害社会可能的，可以予以强制医疗。"据此，林某虽然不负刑事责任，但是林某的行为严重危害公民的生命安全，并且有继续危害社会的可能，故依法予以强制医疗。

【温馨提示】

精神疾患要及时医治，必要时要进行强制医疗，以免对家庭和社会造成严重损害。

（本文原载于2014年5月13日《湖南日报》）

26 暴力强揽工程被逮捕

何淼玲　郭显明　许　丹

【办案结果】

杨某所在村新建了工业园，杨某等人购买了大货车，以便承包园区运输业务。因园区某厂已经将运输业务承包给了彭某，杨某便邀约同村购买了大货车的车主多次阻碍彭某车队运输。新晃侗族自治县人民检察院以涉嫌强迫交易罪对杨某作出批准逮捕决定。

【案情回放】

2015 年 3 月中旬，杨某等与所在村工业园某厂及该厂货物承运商彭某协商，要求分运部分货物，未果。杨某便邀约 10 余村民围堵彭某运输车辆，以达到参与运输业务目的。杨某等人阻工给彭某造成直接经济损失 5000 多元。

【检察官说法】

办理本案的检察官许丹认为，《中华人民共和国刑法》第 226 条规定，以暴力、威胁手段强买强卖商品、强迫他人提供服务或者强迫他人接受服务，情节严重的，处 3 年以下有期徒刑或者拘役，并处或者单处罚金。①

【温馨提示】

市场经济是建立在双方当事人平等协商、自愿选择的基础上。强揽工程，必受法律惩处。

(本文原载于 2015 年 6 月 17 日《湖南日报》)

---

① 《中华人民共和国刑法》第 226 规定："以暴力、威胁手段，实施下列行为之一，情节严重的，处三年以下有期徒刑或者拘役，并处或者单处罚金；情节特别严重的，处三年以上七年以下有期徒刑，并处罚金：(一)强买强卖商品的；(二)强迫他人提供或者接受服务的；(三)强迫他人参与或者退出投标、拍卖的；(四)强迫他人转让或者收购公司、企业的股份、债券或者其他资产的；(五)强迫他人参与或者退出特定的经营活动的。"

27 岂能"先下手为强"? "不适当防卫"犯罪!

何淼玲 郭显明 田朝晖

【判决结果】

经新晃侗族自治县人民检察院提起公诉,法院以故意伤害罪判处潘某英有期徒刑5年。

【案情回放】

新晃侗族自治县天堂乡大榜村的潘某英与潘某国是同胞兄弟。2014年10月20日,潘某国欲将父亲养的肥猪卖掉,潘某英闻讯后加以制止,双方发生口角。潘某国从屋里拿刀朝潘某英扔去,潘某英将刀捡起丢弃。潘某国随后又与潘某英妻子杨某发生口角并扬言拿刀杀人,潘某英听见后跑回屋里躲藏。潘某国进屋拿出3把菜刀朝杨某扔去,杨某躲开,潘某国又从地上捡起石头将杨某砸伤,杨某向潘某英求救,潘某英拿着一根杉木棒将潘某国手臂及腿部打了几下。潘某国扬言拿刀杀人并向屋里跑去,潘某英拿木棒追赶至堂屋朝潘某国头部打去,潘某国倒地口鼻流血,后经医院抢救无效死亡。

【检察官说法】

办理本案的检察官田朝晖认为,正当防卫是指为了使国家、公共利益、本人或者他人的人身、财产和其他利益免受正在进行的不法侵害,面对实施不法侵害的人所采取的必要的防卫行为。① 从本案看,潘某英的行为是一种不适时的事先防卫,潘某国的不法侵害行为并未发生,只是言语中流露出要侵害潘某英的意图,没有对潘某英生命构成直接威胁,潘某英完全可以离开现场躲避或者向有关机关报告,严密防范,而不能"先下手为强",痛下杀手。

---

① 《中华人民共和国刑法》第20条规定:"为了使国家、公共利益、本人或者他人的人身、财产和其他权利免受正在进行的不法侵害,而采取的制止不法侵害的行为对不法侵害人造成损害的,属于正当防卫,不负刑事责任。"本案中,潘某英的行为是一种不适时的事先防卫,因此需要承担刑事责任。

【温馨提示】

不适时防卫，包括两种情况：一是事先防卫，即对于只是流露侵害意图，或者处于犯罪预备状况，尚未构成直接面临的威胁的行为，先行进行防卫。二是事后防卫，即对确已自动停止、被迫停止或者已经实行终了的不法侵害，继续进行加害的行为。

（本文原载于 2015 年 4 月 11 日《湖南日报》）

文章合为时而著

何淼玲

《当生活与法律偶遇》这本书，原计划将来再说。感召于新时代全面依法治国的铿锵步伐，现在推出来，是希望能对当下《中华人民共和国民法典》的宣传普及添砖加瓦。

我从事政法宣传20多年，报道大案要案难以数计，唯独对发生在群众身边的诸多"小案"情有独钟。它们平时多见、较为典型、很接地气，与普通百姓饮食起居等日常生活息息相关，却易为人忽略、忽视。因之，2010年初，我建议湖南省委机关报《湖南日报》开辟"以案说法"栏目，讲好湖南法治故事，助推全省普法。我成为栏目首任主持人，7年采写刊发文章数百篇。今从中精挑细选近200篇结集成书，呈现于读者面前。

这些案件的选材有讲究。

都是发生在群众身边、日常多见，故事性、可读性、实用性强。大家爱读爱看，在一个个具体而微的法治故事中受到普法和警示教育。

这些案件的编辑有讲究。

我将文章分为"判决(办案)结果""案情回放""法官(检察官、民警)说法""温馨提示"4个部分。一目了然，一看便懂。

法者，国之重器。奉法者强则国强。

欣逢全面依法治国伟大时代，正值《中华人民共和国民法典》宣传普及如火如荼，我便有了将这些文章结集出版，为全省普法宣传提供帮助的想法，得到了湖南省司法厅普法与依法治理处的支持，提出了很多指导性意见，使该书进一步完善。

全国审判业务专家、湖南省高级人民法院审判委员会委员李宇先生提出了专业性好建议，即把《中华人民共和国民法典》相关条款附在案件的原适用法律后面，以便使读者对照新旧法条读案件，对照案件理解法条。两相对照，相得益彰。避免从法条到法条的单调解读，正是本书独具的特点、特色。

需要说明的是，为了便于阅读，编著本书时，对有些文章的标题或者文中内容作了少许修改和调整，对文字表述也作了更进一步的精准、规范的修改。囿于学识和水平，书中纰漏和错误，挂一漏万，恐难避免，敬请广大读者批评指正，并请包涵。

积力之所举，则无不胜；众智之所为，则无不成。

本书出版，正是大家共同努力的结果。

感谢湖南省高级人民法院原党组书记、院长康为民先生垂注指导，亲自作序；

感谢全国政法系统先进个人、湖南省民法典普法宣讲团成员、长沙市雨花区人民检察院检察长马贤兴先生帮助；

感谢中南大学出版社沈常阳老师尽职尽责，以"工匠精神"和"绣花针"功夫精心编辑；

感谢长沙市民法典普法宣讲团成员赖凯华律师，感谢罗璇、李灿姣同学的帮助。

2021 年仲夏于长沙湘江之滨

图书在版编目(CIP)数据

当生活与法律偶遇／何淼玲编著. —长沙：中南大学
出版社，2021.10

ISBN 978-7-5487-4354-5

Ⅰ.①当… Ⅱ.①何… Ⅲ.①法律－中国－通俗读物
Ⅳ.①D920.5

中国版本图书馆 CIP 数据核字(2021)第 023375 号

当生活与法律偶遇
DANG SHENGHUO YU FALÜ OUYU

何淼玲　编著

□**责任编辑**	沈常阳	
□**责任印制**	唐　曦	
□**出版发行**	中南大学出版社	
	社址：长沙市麓山南路	邮编：410083
	发行科电话：0731-88876770	传真：0731-88710482
□**印　　装**	湖南省众鑫印务有限公司	

□**开　　本**	710 mm×1000 mm 1/16	□**印张** 18.25	□**字数** 316 千字
□**版　　次**	2021 年 10 月第 1 版	□**印次** 2021 年 10 月第 1 次印刷
□**书　　号**	ISBN 978-7-5487-4354-5		
□**定　　价**	79.10 元		